放下期许，静听花开

给孩子自然成长的机会

徐黎◎编著

群言出版社
QUNYAN PRESS
·北京·

图书在版编目（CIP）数据

放下期许，静听花开 ：给孩子自然成长的机会 / 徐黎编著 . -- 北京 ：群言出版社，2016.4
ISBN 978-7-5193-0067-8

Ⅰ. ①放… Ⅱ. ①徐… Ⅲ. ①家庭教育 Ⅳ. ① G78

中国版本图书馆 CIP 数据核字（2016）第 055119 号

责任编辑：王　聪
封面设计：Amber Design 琥珀视觉

出版发行：群言出版社
社　　址：北京市东城区东厂胡同北巷1号（100006）
网　　址：www.qypublish.com
自营网店：https://qycbs.tmall.com（天猫旗舰店）
http://qycbs.shop.kongfz.com（孔夫子旧书网）
http://www.qypublish.com（群言出版社官网）
电子信箱：qunyancbs@126.com
联系电话：010-65267783　65263836
经　　销：全国新华书店
法律顾问：北京天驰君泰律师事务所

印　　刷：大厂书文印刷有限公司
版　　次：2016年5月第1版　2016年5月第1次印刷
开　　本：787mm × 1092mm　1/16
印　　张：15
字　　数：180千字
书　　号：ISBN 978-7-5193-0067-8
定　　价：32.80 元

前言

孩子的成长如自然中的其他生物一样，有着自己的成长规律。孩子从出生到成人，必须经历一个漫长的过程，就好比一棵小树长成一棵参天大树，它不是一两年就可以实现的，它需要经过自然对它的洗礼，接受环境对它的考验，最终长成一棵可以遮挡风雨的大树。对于孩子的成长来说也是如此，只有在岁月的沉淀中才能够真正成长起来。

孩子应该有好的成长方式，那就是让他自然地成长，让他按照自己的身心发展规律来成长。因此，面对着孩子的成长，父母应该时刻记着的一句话就是“什么年龄做什么事”。换句话说，当一岁的孩子还不能说出完整的语句，两岁的孩子还不能背诵唐诗宋词，三岁的孩子还不认识字，四岁的孩子还不会写字，五岁的孩子还不能很好地做加减法，这都没有关系。

因为一岁的孩子才刚刚开始学习语言，一般情况下，孩子至少要到一岁半以后才会说出“电报句”；两岁的孩子才刚刚开始说完整句，他的记忆还是处在短时记忆阶段；三岁是口头语言发展的高峰期，这个时期的孩子最主要的任务是发展口头语言，而四岁才是孩子认字的敏感期。

另外，四岁的孩子手腕的力量发展得还不是很好，而且对于方位的认识也正处在发展过程中，这个阶段的孩子写出来的字歪歪斜斜是很正常的；五岁的孩子才刚刚开始发展逻辑思维能力，而数学能力是建立在逻辑思维能力基础之上的，五岁的孩子不能很好地进行加减法，或者需要借助自己的双手来进行并不是孩子的错。更何况，学龄前的孩子本身就是应该以玩为主，这是孩子成长的“必备课程”，是让孩子自然成长的最好方式。

让孩子按照自己的身心规律来成长，需要父母学会耐心等待。孩子的成长是一个缓慢的过程，特别是思维的发展，一个阶段走向另一个阶段，都是一个过程，都需要时间的考验。孩子不能依靠催生剂快速增长，即便你能通过增加孩子营养来增强孩子的体质，可思维的发展并不单纯依靠身体能量，而是依靠孩子对周围环境的适应与组织。

就如皮亚杰所说的，儿童思维的发展既是连续性的，又是分阶段的，每个阶段都是前一阶段的自然延伸，也是后一阶段的必然前提，发展阶段既不能逾越，也不能逆转，思维总是朝着必经的途径向前发展。

这也就告诉我们，必须让孩子按照自己的身心发展规律来成长，按照自然法则来成长，任何人为的逾越和逆转都是违背孩子的发展的，因为孩子对知识的学习并不是简单的摹写，它必须通过孩子自身的动作和思维才能获得，而孩子动作以及思维能力的发展同样必须借助玩，也就是游戏。

孩子的成长还是应该按照自然法则来进行，什么年龄做什么事，该玩的时候就玩，该学的时候就学，不要逾越，也不要逆转。

就如蒙台梭利所说："每个人的成长都有一个程序，他在某个年龄特征段该领悟什么样的问题，其实是固定的，你没办法强求，过分人为地加以干涉只会毁了他。"

真正爱孩子，就要学会克制住对孩子过高的期望，克制住对孩子过分地呵护和宠爱，爱孩子就给他一个自由成长的空间，一个自然成长的机会，让孩子像自然界的其他生物一样，遵循自身的规律，自由自在地成长吧！

目 录

目 录

·I　春之冀：思想减负，做园丁型父母·

当今家庭教育的一个很大的弊端，就在于不论是年老的祖父母还是许多年轻父母，其教育思想还停留在凭感觉、摆权威或是随大流、赶时髦的摇摆状态，大多数人在头脑中一直没有一种稳定的教子思想和方法，对孩子的教育往往缺乏一贯性和长远观点。我们的父母最最缺乏的就是能够支撑孩子一生教育理念，基本上都是在方法技巧上做文章，获得的只是一鳞半爪的破碎的东西。

从理念上，现代家长分为三种类型：第一类园丁型的，既懂教育，又有责任心，这种家庭的孩子特别容易成功，但父母最难，因为它要求父母掌握儿童心理发展的规律，这是现代人本主义的教育理念；第二类是懒汉型的，不懂教育，也没什么责任心，不管不问，这种家庭里的孩子一样有成功的可能，这是传统自然主义的教育理念；第三类是帮倒忙型的，不懂教育却特别有责任心，打着“为你好”的旗号，执意让孩子按照自己的安排去成长，大量失败的孩子都是由这类家长制造出来的，这是扼杀人性的教育理念。

三种理念也就是三种思维方式，孩子优秀就优秀在思维方式上，成功从父母开始，就是从父母的理念开始。“园丁型”父母就是这种优秀的教育理念的代表，他们总是尽量少地参与孩子的事情，而是给孩子时间，当孩子有了不好的成长苗头，“园丁型”父母会及时给孩子“修剪”，让孩子改掉缺点和坏的习惯，往好的方向成长。这种教育方式很大程度是通过培养孩子的习惯完成的。

叶圣陶先生说：“教育简单地说只一句话，就是要养成良好的习惯。”一点也不错，德育就是要养成良好的行为习惯，智育就是要养成良好的学习习惯，体育就是要养成良好的锻炼身体的习惯。习惯意味着意志力，意味着自我控制力，意味着效率，意味着一切是自然：优秀是一种习惯。如果你真心渴望孩子优秀的话，那么就让“神童情结”为“习惯情结”：一定要帮助孩子养成良好习惯，戒掉不好的习惯，像那茁壮的树苗逐渐长成参天大树！

第一章
放松自己，孩子不是你的“橡皮泥”

每个孩子都是父母手中的“珍宝”，受到百般呵护。每一个父母都希望自己的孩子将来走向成功。有些家长会过早地替孩子规划未来，想要把孩子塑造成自己期望中的样子。这种塑造，就像把一块“橡皮泥”捏成自己想要的模样，而这也是当下很多父母望子成龙的一种普遍心理，可是，我们不能忘记了，孩子是一个有生命的人，他有自己的意志和自由。家长们，放松自己，放弃那些“塑造”孩子的计划吧，给孩子成长的空间，陪伴着他，注视着他，让他自然地成长，相信孩子会带给你奇迹！

第一节　没有“起跑线”上的输赢

谁的输赢之心？

问题直击：在生活中，我们经常会遇到为孩子的未来担心的父母，他们唯恐孩子从小输给了同龄人；他们也爱子心切，想要孩子从小在各方面都要“赢”。不少家长都有这种焦虑和迫切的育儿心情，在夹杂着“输”和“赢”的教育理念中，到底是谁在争输赢呢？

一场全民都关注的“赢在起跑线上”的教育运动，一切关于“起跑线”上的追逐和输赢之争，似乎都是家长们在背后“使劲”，孩子们倒成为了“局外人”。家长们过分追求孩子在“起跑线”上的表现，会形成一定的“虚荣攀比”心理，也容易误入“盲目追风”的误区，让孩子在教育早期的“输赢”变成了家长们教育孩子的“输赢”之争，这都会给孩子的童年带来沉重的负担。

爱子心切的家长们，忽视“起跑线”的“神奇威力”，去真正了解孩子的需要吧。孩子拥有一个自由而轻松的童年，比“赢在起跑线上”更重要。给孩子一个自由的空间，抹去那些无形却有形的“起跑线”，孩子未来的成就，不是“起跑线”可以决定的。在孩子人生开始的地方，抹掉“起跑线”，给他们更广阔的空间，让孩子有更多的选择，也让孩子自由、快乐而轻松地起步，迈向属于自己的新天地！

买过新汽车的人都知道，新车有磨合期。在新车的磨合期，车速不能太快。只有这样，这辆汽车未来才能风驰电掣。有人把孩子比作汽车，认为人的磨合期就是童年，人在童年时期，不能超负荷运转，要适度磨合，这样，孩子到了中年，才能快马加鞭，后劲十足。

这个生动的比喻很有道理，就像过早绽放的花儿容易枯萎一样，本该快乐成长的孩子们，却因为背负着父母太多“赢在起跑线上”的期望而承担着过重的负担。作为父母，我们希望孩子有一个好的未来，那就尊重教育的规律，不要在孩子的人生刚开始起步的时候，就形成了“输赢”意识，让孩子有一个简单的起点吧，轻松地起跑，快乐地起跑！

“起跑线”上难定输赢

观点碰撞：孩子的起跑线是“无形”的，却又在生活中发挥着“魔力”，很多家长有过焦虑的心情，担心孩子如果输在“起跑线”上，那以后的人生也会输掉。输在起跑线上的孩子，往往因此失去了本该有的重视和期望。但是，输在了“起跑线”上，也未必就真的输掉了人生。

有一个男孩 9 岁时，父母离异，自小由爷爷奶奶带大，小学成绩并不好，还曾留过级，从小学到中学，他的成绩一直也不理想，最好的就是体育了。16 岁时去美国留学，就读于一所全校只有 50 人的乡村中学。后来考大学，也只是上了美国一所三流大学。但他不放弃自己的理想，先后转学去更好的大学，最后终于考上哈佛大学。

他曾是花旗银行 10 名“全球领袖计划成员”之一，21 岁被当时全球最大电脑商戴尔电脑公司聘用，先后在 3 个重要部门任职，现任世界五百强企业联想集团的总裁高级助理，他就是于智博，被媒体称为“输”在起跑线上的哈佛男孩。

看完这个故事，不禁让人掩卷深思，曾经一度很热门的赢在起跑线上并一路领先的“哈佛女孩”成为无数家长想要孩子实现的人生榜样，但于智博的故事告诉了我们，输在起跑线上，不代表输了自己的人生。于智博，在他的整个教育阶段，表现得并不是那么优秀，甚至还是老师们眼中的“差等生”，但是他最终还是靠自己的努力，实现了自己的人生价值。

这个故事也提醒了一些渴望孩子处处领先和担忧孩子输在起跑线上的家

长，不一定落在起点上，就输掉了人生。输在起跑线上的孩子，也能赢在未来！一个人在今天能否取得成功，与他过去的关系不大，未来的成绩决定于你现在迈出的每一步，而不是你曾经在起跑线上的表现。

赢在“起跑线”上也不一定会赢在“终点”

育儿智思：随着“赢在起跑线上”的口号的流行，越来越多的家长都特别重视孩子的早期教育，甚至催生了“超前教育”的模式，仿佛孩子赢在了起点上，就肯定能赢在终点，继而人生辉煌。其实，这种想法毫无依据，赢在“起跑线”不等于赢在终点。

在“赢在起跑线上”的教育观念和“超前教育”模式的影响下，家长认为如果能提前开发孩子的智力和潜能，就能让孩子赢在“起跑线”上，也能“早出人才”。“超前教育”也已经成为我们生活中很常见的情形，有些地方的幼儿园甚至都已经“小学化”了，本该在幼儿园里享受快乐生活的孩子们，不得不提前开始学习小学阶段才需要掌握的相关知识。

针对很流行的“超前教育”，美国北卡罗莱纳大学某科研团队曾经做过一个实验，他们想要弄清“超前教育”实际产生的效果如何。他们把选中的175个孩子分成两组，一组由父母按照一般条件进行培养，另一组则从3个月开始就提前进行早期教育。

在刚开始，接受超前教育和训练的孩子智商比那些普通教育的孩子的智商平均高出15点，学习成绩普遍占有优势。然而这些提前进行早期教育的部分孩子在进入小学四年级的时候，就逐渐失去了这种优势；而另一组接受父母循序渐进的教育和培养的孩子，他们的学习成绩在后来却通常都赶了上来。该科研团队研究结果发现，认为进行超前早期教育就一定会“早出人才”，只是一种推测，实际上并未得到证实。

事实上，该实验的“超前早期教育未必早出人才”的结论也正是符合了儿童教育中自然成长的规律。如果孩子的教育也可以像机器的运作那样提高效率，提前完成部分任务，那么孩子作为生命体的特性就消失了，儿童的自然的天性也就很容易被扼杀，这样的超前教育实际上是对孩子的一种摧残，就像树苗吸收阳光雨露，会经过一定的成长期才会长成参天大树，这个成长的过程是不能被人为“提前”的，不然，家长们就是在“揠苗助长”了。

第二节　给孩子搭建一个安定温馨的家

谁是“不良家庭”的真正受害者？

问题直击：家是人类爱的港湾，也是孩子人生道路的起点。在孩子人生刚起步的地方，总存在着不一致的情形，有的家庭给孩子温暖的摇篮，而有的家庭却给了孩子“残缺”的呵护。有些“不良家庭”对孩子的伤害会对孩子造成终生的消极影响。这些不良的影响，是我们家长朋友们应该高度警惕的。在任何一个出现问题的家庭中，谁才是真正的受害者呢？

“不良家庭”中，谁是真正的受害者，这个问题不言自明。在出现问题的家庭中，受伤害最深的恰恰都是最无辜的孩子。在一个家庭中，如果夫妻之间感情不和，家庭气氛紧张，父母不但没有心思顾及孩子，甚至在有些时候，还会把孩子当成了出气筒，这会让孩子在感情上承受痛苦，在精神上压抑自己，长期下去，会让孩子养成孤僻、惶恐、胆小、自卑等消极的性格，也会让孩子天真活泼的天性黯然失色。孩子就像是花朵，需要阳光雨露的呵护和滋润，如果一直烈日当头或者暴风骤雨，花朵也会迅速凋谢。就像有的教育专家所言，家庭和睦是孩子最好的补品。有调查研究表明：长期生活在家庭环境较差的孩子，智商一般较低；而生活在和睦恩爱家庭中的孩子，智商一般都比较高。

在家庭中，孩子和父母的接触最多，所以父母的一言一行都对孩子的成长起着潜移默化的作用。父母不好甚至“恶劣”的表现也会对孩子产生“恶劣”的效果。孩子最容易受父母言行的影响，比如父母不注意自己的行为方式，随意打骂孩子，这对孩子是一种恶性刺激，孩子会在不知不觉中学会打人和骂人。而有的父母会有一些不良嗜好，比如抽烟、酗酒、赌博等等，这对孩子的身心也有很大的危害，如果父母经常吸烟，孩子就成了被动吸烟的“受害者”。还有的父母教育孩子不要说谎，但自己却做不到。例如有个小故事，说孩子拿了家里的钱去买零食吃，妈妈问他钱从何而来，孩子不肯说。这时候，妈妈说，只有你说出实情，就不打你。结果孩子信以为真，就坦白了。但妈妈听后立刻就火冒三丈，忘了承诺，把孩子打了一顿。孩子如果是在父母这样的言行影响下成长，很难说将来会怎样。

给孩子成长最好的摇篮

观点碰撞：家是孩子成长的摇篮，也是孩子成长最重要的场所。什么样的家庭环境，决定什么样的孩子。如果说，孩子是一颗种子，那么家庭就是土壤，家庭环境对孩子的成长至关重要。

父母是孩子命运的守护神，也是和孩子接触最多的人，是孩子心理上的依赖和安全感的来源。营造一个安定温暖的家，首要的任务在于父母。如果父母在家庭中营造了一种和睦有爱的氛围，孩子就会感到温暖和安全，也会学会给予他人同样的爱。父母是家庭的主心骨，也是孩子的守望塔。当父母用正确的方式给予孩子爱的同时，也能自然引导和管教孩子，孩子也很容易能培养出健康的人格。

如果在一个家庭中，父母和孩子之间如果经常沟通交流，会让这个家庭有一种友爱和睦的家庭氛围，而这种家庭氛围，无异于是孩子成长需要呼吸的最好的“空气”。营造温馨的家庭，除了一般的日常接触外，父母和孩子还可以通过一起做家务、商量家庭重大决议、选择好的书目和孩子一起阅读等这些活动，来帮助父母和孩子共同丰富生活，享受生活的乐趣，这也会使孩子意识到自己是家庭中重要的一员。这种亲子之间的交流与互动是一个家庭是否安定温馨的重要标志。

一个充满欢声笑语的家庭总是让人羡慕的，当家庭在生活中、工作中、孩子成长过程中遇到困难，父母情绪稳定、积极乐观，对家庭有责任感，对孩子有信心，这些对孩子也会造成潜移默化的影响。不管遇上什么事情，家庭中的每个人都能乐观面对，这种积极的情绪也会对孩子的性格塑造产生积极的影响。

创造良好的生活环境

育儿智思：我们都知道，孩子的成长与家庭环境有很重要的关系，好的家庭环境对孩子的成长乃至一生都有积极的影响，反之，不好的家庭环境则对孩子的成长有着负面的效果。每一个孩子的生长环境是不同的，每个家庭也不相同，但在那些培养了优秀孩子的家庭中，我们也能发现一些相同点。那么，对孩子成长有帮助的良好的生活环境，究竟具备哪些共同之处呢？

良好的生活环境会对孩子的成长产生积极的影响，它需要具备以下这些条件：

第一，它有实用而便捷的生活设备。房子是人们生活的必需场所，在称为“家”的房子里，孩子和大人一样，也需要自己的房间，比如卧室，卧室里有舒适的小床，有漂亮的玩具。卧室干净，通风良好，如果条件允许，还可以有个大窗户，方便孩子观察窗外的世界。孩子也可以有自己的书房，那里面可以放置孩子想放置的任何东西，比如绘画作品，孩子的漫画书等等。

第二，孩子有自由活动的时间和空间。如果房子带有一个院子或者花园，孩子就可以在户外养养小动物或者种植花草，这对孩子的成长很有益处，如果不具备这些条件，父母可以带孩子多去户外活动，比如假期去郊区散步，带孩子去爬山。让孩子多和大自然亲近，在自然环境里，孩子能享受到极大的乐趣，这对孩子天性的发挥有很大的帮助。

第三，要有足够的书籍和学习工具。书籍可以帮助孩子开阔眼界，增强学习能力，而学习工具最好有玩具的外形和功能。在一个有着丰富书籍的家庭里，孩子很容易养成阅读的习惯，这对孩子未来的成长有着重要的意义。而丰富多彩的学习工具或者说玩具，可以有效地促进孩子的智力开发。比如玩具漂亮的外形，能通过视觉或者听觉刺激孩子的应变反应。

第四，具备良好的家庭情感关系。每一个孩子都是在与家人接触的过程中学会成长的，通过不断地与家人的接触，理解他人的意思并与之沟通才让孩子提高了能力。一个家庭中，如果父母之间无法和谐共处，会直接给孩子带来极大的负面影响。夫妻之间的互相尊重与互相帮助看起来似乎和教育孩子无关，但其实这是给孩子上的第一课。为了把孩子培养成身心健康的人，父母应该营造出充满爱的家庭环境。

第三节　切勿成为“控制型”父母

你是“控制型”父母吗？

问题直击：许多父母在教养孩子时，经常会混淆了正常教养和控制孩子的区别。比如有些父母满心关怀孩子，但孩子却对父母的做法表达了不满甚至是强烈的不满。这时候，父母会感觉很委屈，自己是尽心尽力来照顾孩子，为什么孩子还是不能接受呢？

其实，孩子不能接受的不是父母的爱，而是这种表达爱的方式。父母对孩子的爱，如表达方式不合适，也会给孩子带来心理上的负担。孩子是个自由的个体，他有自己的意愿和想法，有时候，父母也需要考虑到孩子的感受，而不是只顾对孩子表示关爱。

父母是以孩子为中心来教养孩子，还是以父母自己为中心来教养孩子，这是有很大的区别的。如果父母在教养孩子的过程中，尊重孩子的意愿，让孩子做自己，那么这就是正常的教养行为。而当父母是以自我为中心，让孩子按照父母的意愿来生活，那表现出来的教养行为就变成了控制。这种以自我为中心，以自己的意愿来教养孩子的父母，就是“控制型”父母了。亲爱的朋友，你是“控制型”父母吗？

“控制型”父母的教养行为在我们的生活中随处可见。比如孩子说吃饱了，但爱子心切的妈妈担心孩子没有吃饱，硬是要把剩下的半碗饭喂给孩子。这时候，孩子总是会很烦躁地把妈妈的手推开，但最终还是要被迫被妈妈喂下不想吃的食物。还有的父母会过多地干涉孩子的事情，比如孩子今天穿什么要听父母的，孩子和什么样的伙伴玩，父母也要干涉。“控制型”的父母把孩子当作自己可以操纵的对象，孩子的一举一动都要受到他们的关注和影响，甚至很多时候，孩子是失去了自由的，完全被父母剥夺了意愿。

莫用“控制”养孩子

观点碰撞：当妈妈缺乏安全感时，往往习惯于用控制的方式来照料自己的孩子，并希望孩子按照妈妈的意愿，而不是按照孩子自己的意愿来生活时，本来是人世间最美妙的母爱，却让孩子的心理产生了各种各样的问题。

妮妮的孩子已经两岁半了，是一个天真可爱的小男孩。但最近几个月妮妮觉得孩子很烦躁，好像自己做什么都会让他不高兴，很难看到孩子开心的笑脸。她不明白为什么自己对孩子照顾得无微不至，他还会有这样的反应。妮妮说：“孩子刚学会吃饭，一碗饭能吃进去小半碗就不错了，剩下的饭都会洒出来。我担心他会吃不饱，所以不管自己多累，都会从他手里拿过饭勺一口口地喂，但每次孩子总是会很烦躁地把我的手推开。”有时候孩子不小心跌倒了，不等他哭和喊痛，妮妮会赶紧跑过去抱起孩子，不住地说：“孩子，不疼不疼！”可是孩子却往往挣扎着哭叫起来。每到这样的时刻，妮妮就会反复埋怨起来：“孩子，妈妈这么爱你，对你这么好，你还要发脾气。到底要妈妈怎么做你才开心呢？”为此，妮妮的内心中充满了不知所措的焦虑。

当父母自己因为种种原因，感到不安全时，就会采用种种保护的方法，来习惯性地控制孩子的身心发展。例如，妈妈感到婚姻不和谐的时候，就会特别要求孩子听话，或者当孩子不服从自己的某些指令时，妈妈也会特别抓狂，强迫要求孩子服从。这种“控制型”父母的出现，不仅有他们在成长经历中的自身问题，也和他们从小所接受的教养模式相关。在“控制型”父母抚养下长大的孩子，在其长大成为父母时，也往往容易成为“控制型”父母。

对于孩子来说，他们更愿意在自己的内在世界中，体验着每一种丰富的感受：体会充满爱的情感，观察各种生命的色彩，触摸他们好奇想探索的东西……妈妈应该让孩子按照自己的意愿来生活，让孩子的身体、感觉、情绪、心理等各种内在的生命因素都得到完整的发展。

放开手，让孩子自由成长

育儿智思：父母的爱，无条件的爱，无微不至的爱，是对孩子心灵成长最好的滋养之物。孩子需要父母给予的关怀，对孩子的生活照顾周到是做家长的责任，但有时候，为人父母者，总容易将对孩子的责任延伸得太长太宽。

在生活中，有些家长为了孩子的安全，把孩子管得死死的，不让孩子外出，总是将孩子置于自己视线范围内，结果孩子可能会很依赖家长，但却也容易变得胆小、胆怯，不够勇敢。也有的父母借“我们也是为了孩子好”的借口，包办孩子所有的事情，将孩子能思考和能办到的事情都揽过来了，这种太“能干”的父母，养育出来的却可能是“无能”的孩子。

孩子需要父母的呵护和鼓励，但不是过度“保护”和“控制”。父母除了给予孩子关爱，也有责任教会孩子以正确的方式、方法和态度来对待生活。比如当孩子在生活中面临一些小问题和小困难，父母可以适时地给孩子引导：“我们应该怎么做呢？”指导孩子分析眼前的事情，孩子们都很爱动脑筋，父母如果善于引导，可以很好地训练孩子在克服困难和解决问题方面的能力。这种引导，需要父母敢于松开自己的“控制”之手，给孩子自己处理问题的自由和权利，也给孩子自然成长、自由成长的机会。

父母要信任自己的孩子，相信自己的孩子会做好很多的事情，只不过有时候需要父母适当的指导而已。给孩子机会、时间、耐心和指导，让他们自己去发展自己吧。放松“控制”，也绝不是放任自流，不是让孩子凭自己的现有能力和经验去体验生活，而是陪伴和引导孩子一起探索。孩子有他自己的人生，不能永远地站在父母身后，保持天真无知。孩子要勇敢地走出父母的呵护，在父母的帮助下，去体验生活，锻炼自己的能力。脱离了父母“控制”的孩子，能更勇敢地迈出向前走的步伐。

第四节　别苛求“优异”，做心态平和的父母

好的心态成就好父母

问题直击：从孩子一出生，他的身上就寄托了父母太多的期望与期待，每一个父母都“望子成龙”“望女成凤”，为人父母者，对孩子最大的期望是什么呢？这是一个值得每个父母思考的问题，是从小当“神童”，长大当“大人物”吗？

在生活中，我们经常看到一些家长，看见别人家的孩子会背唐诗，也买回来一本，每天逼着孩子背诵。还有的家长，希望孩子成为画家、书法家，也不管孩子是否感兴趣，就给孩子报了兴趣班，让孩子从小学习这些家长眼中认为有用的技艺，从而成为别人眼中艳羡的“神童”。这种逼迫子女当“神童”的做法并不可取，孩子就像那一棵棵的幼苗，正是长身体的重要阶段。从科学的角度来讲，在幼儿阶段，孩子正处在生理和心理的发育阶段，并不适宜学习知识，而应当多多玩耍和游戏，在玩耍中逐步培养他们的兴趣、爱好和意志力等非智力因素。

有些父母让孩子学习各种技能，希望孩子将来成名成家，也全然不顾自己的孩子是否有这些方面的天赋，完全只顾自己的认识和判断，这种行为背后也或多或少地带有功利思想。有些家长虽然知道自己的孩子可能不会成名成家，但仍然要求孩子学习那些别人也在学的技艺，以增加未来取胜的筹码，比如在考试中的技能加分或者直接走艺术道路等。如果父母的心态不正确，父母的想法并不是出于孩子的意愿，那么最辛苦的还是孩子。孩子会很累，学习的技艺也许因为没有兴趣或者没有天赋而得不到提高，心理上也不得放松。父母对孩子的高要求实则对孩子来说是很不公平的。

父母心态平和了，不盲目跟风报班了，不再不切实际高要求孩子了，孩子才能找到属于自己的童年和世界。孩子还是很单纯的，对于未来，还没来得及开始构想和规划，而父母的安排早就让孩子面临失去宝贵童年的挑战。给孩子自由，让孩子度过美好的童年时代，让孩子自由地成长。当父母卸去了对孩子过多的期待与要求的时候，当父母的心态平和下来之后，孩子的春天就不远了。

家长不必完美无缺

育儿智思：事实上，没有完美无缺的家长，甚至没有接近完美无缺的家长。很多家长都坦承自己在教育孩子方面，也存在不足，即使是那些培养了优秀孩子的家长们，也或多或少地存在着这样或者那样的问题。就像没有完美的孩子一样，也没有完美的家长。父母们完全可以对自己放低标准，不必苛求自己做一个“优异”的家长。

现实生活中的父母，都试图做一个完美无缺的家长，力争在养育孩子方面，事事做到最好。如果没有做到最好，心里会有一种愧对孩子、愧对自己的感觉。比如一个家长曾说道：“当我有了自己的孩子之后，我就想做一个好爸爸，我想把为孩子做的每件事都做好。”可是后来他很苦恼，“然而一切像乱了套，我发现我根本做不到这一点，我要养家糊口，我要努力为孩子创造最好的生活条件，每天我很辛苦，回家之后我还要逗孩子玩乐，哄他开心，有时候我心情低落，想让孩子高兴却把他弄得大哭起来。我似乎是个失败的爸爸……”

为什么要给自己设置那些任何人也许都无法实现的目标呢？不管父母们是否觉得自己是个合格甚至优秀的家长，只要他们的孩子知道自己的父母在养育他们这方面已经尽心尽力了，知道父母在爱着他们，这就足够了。为什么要苛求自己做完美的家长呢？

也有些家长时常反省自己，认为自己的某些行为是不可取的，比如有时候会不问青红皂白便训斥孩子，让孩子留下心理阴影，说话不够委婉伤害到了孩子的自尊心，有不良嗜好爱喝酒遭到孩子的嫌弃等等。现实生活中的家长，都存在诸如此类的问题。尽管关爱孩子的家长会有一些不可取的地方，但孩子和父母之间的关系不会因为这些小问题而受到过多的影响。孩子在承受父母的某些不足或者缺点的过程中，也学会了宽容与理解，父母和孩子之间长期建立起来的真挚情感，不会因为父母的一些瑕疵而受到消极的影响。

美国俄亥俄州阿克伦市儿童医疗中心的研究人员曾做过一个实验。他们从全国各地请来了100个幸福家庭的优秀家长，并对这些家庭中的家长进行了采访。有一个采访问题是“在教育孩子方面，你们做得如何？”没想到，许多家长都随口说出了自己在教育孩子方面的不足，比如爱对孩子唠叨，有时候也冤枉孩子，对孩子的一些小错误反应过火……调查发现，几乎没有真正完美的家长。

挖土豆的也是我的好儿子

观点碰撞：有一些家长爱子心切，总是对自己的孩子寄予过高的期望，从孩子一出生，就希望自己的孩子处处要比别人家的孩子强。父母对孩子的期待，不仅仅只是成功与否这一条标准。在父母眼中，孩子开心快乐幸福，就是最重要的成就。

杜鲁门当选美国总统后不久，有一天，一位记者去采访他的母亲。记者说：“有哈里这样的儿子，您一定十分自豪吧？”总统的母亲微笑地说：“是这样的，不过，我还有一个儿子，他同样让我自豪。”记者很好奇，赶紧问：“他是谁呢？”并掏出笔准备大书特书。“噢，他在外面挖土豆呢。”总统的母亲深情地说，“挖土豆的也是我的好儿子。”

这个故事不禁让人很感慨，杜鲁门的母亲无疑是一个优秀的母亲，在她的眼中，不论儿子是总统还是挖土豆的，都是母亲的好儿子。父母对孩子最大的期待，无外乎是孩子拥有一个美好而幸福的人生吧。无论孩子长大之后从事什么职业，有多少收入，只要孩子实现了自己的人生价值，做父母的也会很高兴，也应当为孩子所取得的一切而感到骄傲。

父母心态摆正了，在教育孩子方面才不会走弯路。把孩子当作炫耀的资本，把孩子当作争脸面的“筹码”，把孩子当成赢取功名的“手段”，都是不可取的做法，这样做只会让孩子失去美好而快乐的童年。父母应该对孩子，多一颗平常心，少一颗功利心，多一份宽容，少一些苛求。

孩子有孩子的人生，未来不论孩子做什么职业，只要孩子开心快乐，不当总统又何妨呢？每一个人活在世界上，都有他的价值。有人当总统，有人挖土豆，有人开汽车……当父母不再过分关注孩子在未来的成就，让孩子自然地成长，也许，孩子在未来某一天，会给父母一个大大的惊喜呢！

第五节　爱孩子从爱自己开始

谁懂全职妈妈的苦恼呢？

问题直击： 随着物质水平的提高和对孩子的重视，不少职业女性选择了放弃工作，回到家里，一心一意照顾孩子，成为了全职妈妈。但全职妈妈也有困惑与不解，她们的烦恼来自于她们把所有的精力和时间都奉献给了家庭和孩子，而唯独忘了自己。那些爸爸们，你们懂全职妈妈的苦恼吗？

悠悠妈妈从生下悠悠之后就辞掉工作，成为了一名全职妈妈，全心全意在家照顾小悠悠。刚开始，悠悠妈妈很享受做母亲的幸福，但时间长了，她的苦恼也来了。孩子的降生打破了原本二人世界的平静，虽然有了孩子很兴奋，也很幸福，但随之生活就发生了很大的改变，悠悠妈妈的全部心思都放在小悠悠身上。生活没有了自由，除了孩子还是孩子。没有工作，生活的重心发生很大倾斜，整天就待在家里打扫房间，照看孩子，甚至后来连朋友之间的交往也减少了。朋友邀约去逛街，几乎都拒绝，自己爱好也放弃了，因为要一心照顾悠悠。悠悠的妈妈感觉自己似乎失去了自我，每天的生活都是单调而重复的，她现在很苦恼，不知道该怎么办？是继续做全职妈妈呢？还是重新去找工作，找回自我？

一个快乐幸福的家庭，最重要的感情因素就是爱。全职妈妈们把绝大多数的爱给了孩子，因为想要更好地照顾孩子，她们选择放弃了属于自己的很多东西，这种牺牲，是一种爱，却也是一种残缺的爱，因为全职妈妈们忘了爱自己。爱自己也很重要。一个会爱自己的人才会爱别人。

孩子是在一种爱的氛围中长大的，如果父母相敬如宾，很爱对方，在养育儿女上会扮演较为积极的角色，因为父母对彼此的爱也会感染孩子。同样，父母爱自己也是给孩子一种积极的爱的暗示，这种暗示实则也是一种爱的教育。孩子在接受父母爱的同时，也在学习爱别人。在一些快乐幸福家庭长大的孩子，长大之后也会像父母一样，共同维护一个温馨的家。而那些父母自身都没有做好的家庭，比如有的父亲，不爱惜自己的身体，酗酒，经常喝得醉醺醺地出现在孩子面前，这样的家庭中孩子长大之后也容易被父亲影响，变得爱喝酒或者有其他不良嗜好。

父母养育孩子很辛苦，更要好好地爱自己。一方面，孩子不是家庭的全部，不需要把所有的爱都给孩子，也要把爱给予伴侣和自己。另一方面，先爱自己，才能更好地爱孩子。孩子是家庭的核心，但不是全部，父母也要拥有自己的生活。爱不是全身心地付出，爱是用心地关注，默默地守望，孩子的成长有它自身的规律，父母们不必太过于担心照顾不周。先爱自己，再去爱别人。这是一种信念，也是一种行为。当父母们都学会了珍惜自己，爱惜自己，相信他们的孩子们在未来也会像父母一样，传递这种爱的精神。

全职妈妈的苦恼在于缺乏对自己的爱，把给孩子的爱匀出一份给自己，让自己从爱的误区中走出来，走到属于自己的天地中，那里，也有你爱的孩子，还有孩子深爱的你。

父母勿忘“爱自己”

观点碰撞：其实，每个人都需要爱，更需要被爱。在家庭中也一样，孩子需要父母的关爱，但父母也需要关爱。当父母把所有的爱都无私地给孩子的时候，谁来爱父母呢？是父母的父母吗？爱的天平出现倾斜了，太爱孩子的父母忽视了爱自己，也就有了迷惑。

很多父母在养育孩子的过程中，经常感到疲惫和辛苦，有时候也有困惑。心理学家让这样的父母回答两个看似简单其实很难回答的问题：“你们爱自己吗？什么是爱自己？”答案居然五花八门，有的说：“对自己好一些，想买什么就买什么。”有的说：“爱自己就是按照自己的意愿随心所欲地处事。”有的说：“好像不爱，因为在家里孩子和老公的需要永远排在自己之前。”

仔细想想，很多父母真的很少去想是否爱自己。从小受到的价值观教育都是要先人后己，大公无私，听到的故事是“孔融让梨”，学到的歌曲是“李小多分果果，小的留给他自己”；当我们还是个孩子的时候，父母亲都是把我们孩子的需求放在第一位，家里好吃的先给我们吃，新衣服优先给孩子们置办，等到我们成为父母，也沿袭了父母的育儿经验，工作之余的时间全部奉献给了孩子，加班倒还理直气壮，如果是偶尔弄个朋友聚会什么的，居然会有些小小的愧疚——今晚不管孩子自己出去玩？！

其实，对孩子的过分关注不但让自己越来越丧失自我，同时也未必是孩子所愿，就如同我们需要私人空间一样，孩子的成长也需要一些父母缺席不在的空间。我们尊重自己的情感和意愿，其实就是告诉孩子，每个人都有自己的喜怒哀乐，就像这个世界不仅会有晴天，也会有阴雨天，如果是这样，我们也许就不会对孩子偶尔失落的情绪表现得过分在意；我们客观地评价自己，其实就是告诉孩子，做人要有一颗平常心，父母不是超人，不可能实现孩子所有的愿望，如果是这样，我们也许就不会盲目地对孩子提出争取全班第一的非分要求；我们接纳自己的缺点，其实就是告诉孩子，金无足赤，人无完人，就像这个美好的世界也有疾病有贫困，有地震有洪灾，如果是这样，我们也许就不会因为孩子没有考到理想的分数而生气，毕竟我们也无法做到十全十美。

观念一变，心态就变，心态决定一切。真的，在不断的学习中，我们发现，孩子的成长是一个长期的过程，我们做家长的大可不必过多的焦虑，爱孩子从爱自己开始，与其把所有的人生希望都寄托在孩子身上，让他弱小的臂膀承受如此重托，还不如先让自己的一生活出精彩，毕竟，在这个世界里，我们唯一能改变的就是自己。

爱自己的内涵还很深，需要进一步地学习、感悟和改变，但是爱自己的行为很简单，那就是从现在做起，像爱孩子那样爱自己。

第二章

忘掉期待，和孩子一起成长

当孩子降临到这个世界上的时候，就承载了亲人太多的期望。孩子给父母带去了无限的幸福和憧憬，也带去了无尽的烦恼，因为有希望就有失望，不是每一个孩子都会实现父母的愿望。如果父母们能忘掉期待，陪伴着孩子，温情地看着孩子自然地成长，也许孩子会更轻松。在孩子人生起点处，不要给孩子太多的包袱，因为他们需要“轻装上阵”。当父母没有那么多的期望的时候，父母也会感到很轻松。就让父母和孩子都轻松起来，迎接最美好的未来吧！

第一节　以逸待劳，做“偷懒”的父母

孩子眼中的“懒妈妈”

问题直击：“偷懒”的父母，在孩子心中似乎不是一个良好的父母形象，“偷懒”，是个贬义词，如果父母在养育孩子的过程中也去“偷懒”，那不是要招来非议和争议吗？到底父母“偷懒”好不好呢？孩子们怎么看呢？

一位小学生在自己的作文里写道：

母爱是世界上最纯真、最伟大的爱，没有哪位母亲不爱自己的孩子。有的父母给孩子的是过度的呵护和极端的宠爱，但我的妈妈却不同，她呀，可“懒”了。记得我上幼儿园的时候，妈妈就要求我自己的事情自己做，像穿衣、吃饭、叠被子等，她都要求我自己完成。上学了，我的书包总是乱乱的，自己也总爱丢三落四，为此没少挨老师的批评，但妈妈只是用嘴指挥我收拾，就是不过来帮我一下。每当我和同学们在一起的时候，他们总是兴致勃勃地讲自己的妈妈如何无微不至地照顾他们，我只能暗中羡慕，谁让我有一个“懒惰”的妈妈呢？

有一次，妈妈生病住院了，爸爸又出差了，家里只剩下我一个人。早上我起来之后就去给妈妈买早点，送到医院。在回家的路上，我又去超市买了菜，下午我自己把衣服都洗了。晚上，我炒了几个菜，又焖了米饭。爸爸那天回家了，进门看见我已经做好饭在等他，还洗了衣服，收拾了房间，他很惊喜，抱起我，转了几圈，对我说：“孩子，你真棒！”我心里美滋滋的，可高兴了。这时候，我想起了我的“懒”妈妈，这一切都归功于她啊。如果不是妈妈从小就锻炼我，我怎么能像现在这样独立呢？我也逐渐明白了，妈妈不是真的懒，而是她把对我的爱倾注到了对我的培养和锻炼上。

在上面这个例子中，孩子是理解了他妈妈的用心，知道妈妈不是故意“偷懒”，而是为了锻炼孩子的能力，是帮助孩子成长。故事中的妈妈，是一个聪明的妈妈。作为妈妈，本质是要勤劳的，要照顾孩子，操劳家事。这里说的懒，不是放任不管、清闲偷懒的懒，而是有艺术的懒，有方法的懒。看起来是懒妈妈，实际上是智慧妈妈。

现在不少独生子女的家长对孩子过分地宠爱，过度地保护，过多地照顾，生活上包办代替，致使许多孩子缺少独立性，生活自理能力低下，依赖性强，意志薄弱，这是家庭教育的一大弊端。所以，每一位家长都要认识到培养孩子独立性的必要性和重要性，转变教育观念及态度，有意识地做一位懒妈妈。支持孩子自己来，独立自主是孩子的自发要求，是他们自身发展的需要。

孩子从两三岁开始就产生强烈的自主愿望，常常执拗地说“我自己来”“我自己吃”“我自己走”，感觉自己有能力做好自己的事，不想受到别人的干预，也不愿得到别人的帮助。这表明孩子开始有了自我意识，有按照自己意愿行事的要求。这种渴望独立自主的倾向是幼儿期重要的心理特征。在这种情况下，想要当个称职的妈妈，就要适当满足孩子的独立愿望，支持孩子“自己来”。凡是孩子能自己做的事，妈妈就要支持他自己做，并随着孩子年龄的增长，不断扩大他“自己来”的范围，而不能事事包办。

比如，当1岁的孩子吃饭时要自己来，妈妈不妨满足孩子的要求，不要怕孩子把饭撒到桌上；当孩子2岁左右要自己洗手洗脸，自己爬楼梯、穿脱鞋子等时，懒妈妈也应该支持孩子这样做。这样既可锻炼孩子动作的灵活性、准确性，又可增强孩子自理的能力。

“偷懒”的智慧

观点碰撞：“偷懒”的父母，不是真的在偷懒，而是在智慧地用心，用心教育孩子，养育孩子。“偷懒”的智慧之处在于父母把孩子该做的事情，教给孩子去做。用信任和勇敢来让孩子自由地成长和发展。“偷懒”的父母是很有智慧的。

不同的父母教育孩子的观念不同，对孩子的影响也不同。“偷懒”的父母认为，要经常称赞孩子的自我服务行为。比如幼儿园的老师要求孩子在家学习整理床铺，到学校后要讲述自己的心得。一个孩子叠完被子，被他的妈妈指责道：“我说你不会叠，你偏要逞能，看！叠得乱七八糟，像什么样子！去去去，让我重新给你叠。”这位妈妈不由分说地把孩子费了九牛二虎之力才叠好的被子打开，重新叠了起来。孩子在一边沮丧极了，他再也不愿“逞能”了，也不想再尝试做任何其他没做过的事情了。

而另外一个妈妈面对自己的孩子叠得乱七八糟的被子欣喜地夸奖孩子：“哟！今天你自己会叠被子了，真能干。来！让妈妈看看。嗯，真不错，如果这个地方再整理一下就更好了。”妈妈一边说着，一边教孩子怎样把被子叠得更整齐。孩子受到鼓励，不仅把被子叠得越来越整齐，而且独立做事的兴趣和信心都越来越强了。

孩子年龄小，能力差，在尝试“自己来”时往往会搞得一塌糊涂，这时，妈妈应当耐心指导，做好示范，教会孩子技能，帮助孩子进步、成功。而不应当代劳，更不能苛求斥责，否则势必会导致孩子胆怯、消极、缺乏自信的不良心理。

每一位妈妈都应该明白，与其每次为孩子服务，不如向孩子传授自我服务的方法，让孩子学会为自己服务。训练孩子自我服务时，懒妈妈应该坚持由简单到复杂的原则，鼓励孩子做一些力所能及的事情。比如，先让孩子自己脱衣服、脱鞋子，然后再教孩子穿的方法。如果孩子暂时不会，可以慢慢练习，不过要天天学，天天练，不仅孩子需要有耐心，妈妈更需要有耐心。

再比如，教孩子自己洗手时，懒妈妈可以打开水龙头，教孩子把手放在水下洗，然后边念儿歌边洗手：“手心手心搓搓搓，手背手背搓搓搓，换个手背搓搓搓，手指缝缝搓搓搓，水龙头关掉甩甩干，一、二、三，擦干净小手。”在懒妈妈的示范下，孩子会渐渐掌握自我服务的方法，从此，孩子就会自愿地去做这些事情，而不需要妈妈每次都帮忙。

“懒妈妈”的绝招

育儿智思：“偷懒”的父母在养育孩子方面，也有不少可取之处，“懒妈妈”也是爱孩子的，是身懒心不懒，也是有智慧的妈妈。家长可以从“偷懒”的父母身上汲取教育孩子过程中的经验，让自己也“懒起来”，或者说“轻松起来”吧。看“偷懒的父母”如何支招呢？

一、尽量把家务事踢给别人。妈妈不是保姆，如果每天要花时间去做很多家务事，可能会没有时间来好好陪伴孩子。毕竟，妈妈是要养育孩子，不仅仅是看护孩子，而且，陪伴孩子也是高质量的陪伴，要把时间和精力留给孩子，而不是没完没了的家务活。

二、孩子自己玩的时候不要去打扰他。趁这个时间，父母可以轻松一下，从看护孩子的紧张与劳累中抽身而退，适当地也给自己一些时间。同时，让孩子全身心地投入到他所倾心的事情中去，孩子在尽情玩的时候，天性得到了极大的发挥，同时也享受到了玩的乐趣。

三、孩子自己的事情让他自己完成。这是一个原则，父母不能帮孩子把所有事情都做好，有时候，太能干的父母会养育出“无能”的孩子，这是有道理的。父母把事情做好了，孩子什么也做不了，自然得不到锻炼，也无法得到独立的能力。

四、要培养孩子独立做事的自觉性。通过谈话、讲故事等方式，使孩子知道“自己的事情自己做”的道理，让孩子懂得劳动是光荣的，依赖大人是没有出息的。

五、要善于创造和把握机会。创造让孩子独立做事的环境，引导孩子从身边的小事做起，由易到难，循序渐进。如帮大人扫地，到邻居家借东西，下楼买日用品等。抓住儿童(儿童食品)节、生日等契机，鼓励孩子闯过难关，使独立性上一个台阶。

六、要有信心和耐心。不要担心孩子做不好，或怕孩子添麻烦帮倒忙；对孩子多表扬、多鼓励，少埋怨、少指责，循循善诱，促其进步。

最后，要严格要求，持之以恒。孩子良好习惯的养成和自理能力的提高，不是一朝一夕就能奏效的，切忌操之过急。家长对孩子应有坚定不移的引导和始终如一的要求，长期坚持。

第二节　快乐的人生比优秀的人生更重要

“优秀”不敌“快乐”

问题直击：每一个家庭中，父母都对子女寄予了很大的期望，望子成龙、望女成凤是现在绝大部分家长的普遍心态。但是，是否孩子一生中最重要的事情就是要成龙成凤呢？成功可以带给孩子很多东西，但成功一定能让孩子快乐吗？大概每一个孩子对此的回答是不一样的。

有位医生在医院里接触到一个从国内著名医科大学毕业的年轻人，他花了很长时间去跟这个人接触。因为他只要看到穿白大褂的人走近，就会狠狠地瞪着对方，有时甚至会动手打人，所有的医护人员都很害怕他。这个医生对这个年轻人很好奇，这么聪明的人，又是学医的，怎么就会精神不正常呢？医生花了大约三四个月的时间才可以和那个年轻人坐下来慢慢谈。

大概半年之后，医生才知道这个年轻人的一些生命历程。孩子从小很聪明，考试从来没有考过第二名，家里人都对他有很高的期望。可孩子后来对音乐有了兴趣，想学音乐，却被父母否决了。迫于父母的重压，他只好按照父母对他的人生规划来生活，最终，他如愿考进了最好的医科大学，但却一直很不快乐，学医不是他的梦想，只是父母的期望，在大学毕业并顺利进入一所著名医院工作后，他终于崩溃了，精神失常。

这个年轻人在后来神智清醒的时候，告诉了医生一个秘密。他说：“如果我学音乐，那我现在就是一个快乐的音乐家，如果我学音乐，即使不当音乐家，我也不会住在精神病医院，如果没有住在精神病医院，那我也许还会有自己的人生。”听完这番话，医生唏嘘不已。

这个故事发人深省，每个孩子有适合他的位置，所谓“天生我材必有用”，每个孩子都有自己的舞台，而快乐与否才是最重要的。现在的孩子普遍都不快乐，功课太多，压力太大，都没有机会，也没有什么事情会让孩子开怀大笑，这是一件多么悲哀的事情啊。作为父母，让孩子拥有快乐的人生比拥有优秀的人生更重要。如果孩子不开心不快乐，再优秀的成绩单，再优秀的大学和工作，都不是孩子真正想要的。

每一个父母的期待，就是希望孩子快乐地长大，虽然父母们都对自己的孩子寄予了厚望，都希望孩子将来成功成名，但即使孩子没有实现他们的期望，父母仍然希望孩子生活得快乐，哪怕孩子只是个普通人。真正爱孩子的家长，其实是把孩子的快乐放在孩子是否成功前面的。

让孩子拥有“快乐人生”的要诀

育儿智思：天下的父母都希望自己的孩子拥有一个快乐的人生，可是，快乐的人生从哪里来呢？其实，让孩子感受到快乐很简单，几句简单的话语，也可以让孩子感受到父母的关爱。有心的父母会努力为孩子感受到快乐创造机会，所谓“功夫不负有心人”相信那些被父母关爱的孩子一定会给父母大大的笑脸，灿烂的笑声。

作为父母，谁都想让孩子快乐地成长。孩子成长，需要学习，学习各种知识，学习如何成长。在学习中，最重要的是让孩子快乐学习，在学习中体验快乐，才会最大限度地激发孩子的学习兴趣。

学习是一个艰苦的努力过程，只有给孩子最少的苛求与批评，给孩子更多的微笑和掌声，孩子才能体味到苦中也有乐。比如说，当孩子拿着考得不太理想的成绩单给我们看的时候，我们要理解孩子，不必过分苛求优秀的成绩，可以给他一个微笑，一句“还不错嘛”，就可以化解孩子的不安，也会给孩子继续努力的动力。他会想：下次我一定要考好，给爸妈一个惊喜。当孩子拿着满分的成绩单再次给我们看的时候，一句“太棒了！”一定会让孩子心花怒放的。

在生活中，我们可以抓住机会，给予孩子赏识和赞美，对于孩子来说，即使一句简单的夸奖，也可以让孩子感受到很多的快乐！“好极了，你太棒了！”“我相信你能做到的！”“需要我的帮忙吗？”虽然只是几句简单的话语，却可以温暖孩子的心，可以给孩子无限的积极暗示，也可以帮助孩子从父母这里找到自信与热情。父母们，千万不能吝啬这几句话，虽简单，但却能让孩子感到由衷的快乐。

孩子在成长的过程中，除了学习，需要自己去体验的事情很多，这种体验活动，不可能都让孩子自己去寻找，父母在家庭生活中，也可以适当地创造时机，有意识地“作为”，为孩子体验到让他们更快乐的感受而做一些事情。

比如父母要与孩子保持密切的感情。亲密的关系，如同伙伴般的关系，可以让孩子感受到快乐，而且也会给父母带来很大的乐趣。父母可以通过加深同孩子的感情来密切彼此之间的关系，当父母经常陪伴在孩子身边，和孩子玩耍，做孩子的朋友，这种亲密感情中的亲子，彼此都会感受强烈的快乐感和幸福感。

其次，父母可以有意地培养孩子的广泛兴趣。培养、引导孩子拥有广泛的兴趣，这对孩子的一生都有很积极的影响。兴趣或者爱好，可以让一个人享受到生活的快乐，如果孩子爱画画，那他一定在涂鸦中找到了让他开心的东西，作为父母，可以让孩子拥有自己的爱好。孩子对外面的世界充满新奇，也许会有很多爱好，父母们不要限制孩子的兴趣，兴趣越多，孩子的乐趣也会越多。

最后，父母要努力保持家庭美满和谐。对父母而言，让孩子拥有快乐的一个重要法宝就是让自己的家庭生活充满欢笑和温馨。在每一个幸福的家庭里，每个家庭成员都会感受到持久的快乐，孩子当然会更加快乐，反之则不同，一个不美满的家庭中，孩子总是受害者，也会失去很多原本该有的快乐。

巧用家庭“幽默感”

观点碰撞：当孩子长大到足以用幽默力量来对待父母，这是个可喜可贺的现象。这证明了父母也可以和孩子们更好地沟通。你的孩子也许已经能成功掌握幽默力量，说不定比你还行。承认这个事实吧！向孩子们学习如何在生活中有效地发挥幽默力量。

幽默可以让怒不可遏瞬间转化成开怀一笑。一天，父亲责骂小女儿菁菁太吵：“你不是答应我要安静的吗？我不是跟你说好，你不安静的话就要挨打吗？”“是啊，爸，”菁菁表示同意，“但是我没遵守我的诺言，因此你若不遵守你的诺言的话，也没关系！”面对菁菁的幽默，父亲心中顿时火气全消。

小孩子似乎很小的时候就学会了以幽默来与别人沟通，或借此达到目的。例如，小孩可能向父母要求一样他并不想得到的东西，以期得到他真正想要的东西。如下面这段对话：

男孩说：“妈说不准我养狗。”他的一个朋友建议他：“你不该这样直截了当地要。向你妈要个小弟弟，她就会买只狗来给你了！”孩子幽默起来，让父母反省自身，也学到了如何轻松地面对自己。

周末，父子两人结伴到森林里露营。“今天玩得开心吧？”父亲问。“我想是吧，”儿子说，“只是下次，我们是不是可以带妈妈和番茄酱来。”不论是有意或无心，孩子发现了如何将幽默力量对准父母的兴趣，从而达到他的目的。

有时候，小孩的幽默力量比我们更早预见先机。有一位父亲把当年结婚照片的相簿拿给小女儿看。小女儿看着照片，先是疑惑不解，继而突然眼睛一亮。“我明白了！”她说，“就是这个时候你把妈咪带回家来，帮我们做家事的。”“哈哈哈哈。”父母两人都开心地搂着女儿大笑。父母同子女间的幽默相处也会极大地增进彼此的友谊。

著名剧作家沙叶新幽默感极强，其女儿也天生具有幽默细胞，还在童年时她就对“女大不中留”有过一番妙论：“我认为‘女大不中留’的意思就是……嗯……就是女儿大了，不在中国留学，要到外国去留学。”不料，后来她果然去美国留学了。

歌德说：家庭和睦乃是人生中最快乐的事。而最能让家庭和睦的便是幽默感这个调味品了。巧用家庭中的幽默感不仅可以化解夫妻矛盾，更可以给家中平添无数的笑声和快乐，让家成为快乐的天堂，成为幸福的港湾，让孩子感受到更多的快乐。凡是有幽默感的家庭，成员间不存在命令式或是强制性的关系，凡事都平等相待，哪怕年幼的子女和父母之间也如此，平等＋幽默＝家庭生活质量。让家庭中的每位成员都学会“巧用幽默”，去享受和睦家庭的温馨吧！

第三节 没有“永远长不大”的小孩

谨防孩子太“依赖”

问题直击：在现实生活中，我们经常可以看到一些孩子很爱缠着大人。大人到哪里他们就要跟到哪里，寸步不离。也许有人认为，这样的孩子长大后会孝顺父母，殊不知这正是孩子依附心理的病态表现。如此缺乏独立能力的孩子，长大以后又会怎样呢?

那些什么时候都爱缠着父母的孩子，也许是有一种依附心理的。依附心理是许多孩子都具有的缺陷。他们的性格胆怯懦弱，习惯躲在成人的背后求得安全。他们害怕一个人独处，而且不相信自己能独立做好一件事，几乎事事都要大人帮助他们来完成。这样等上了小学，他们的课堂作业也习惯让父母或别人来代替完成。毫无疑问，依附心理对孩子的成长影响巨大。

这一类孩子往往以弱者的姿态出现,仿佛正处于遭受痛苦的苦恼之中。这个时候，他们几乎对任何东西都无法满意，老是显得无精打采和心不在焉，他们喜欢抱怨所有的东西，喜欢哀求大人顺从他们的心意。他们依恋大人，似乎整个的生命都与大人捆绑在一起。他们经常让大人帮助自己，而自己却很少尝试着去做。他们喜欢哀求大人跟他们一起玩，给他们讲故事，唱歌给他们听，而大人不得不这样做，如果不这样做，他们就会哭闹。就这样，大人成了这类孩子的奴隶。

有时候，这类孩子的依附心理会以一种假象出现。他们每逢遇到问题就爱问大人“为什么”，给人一种似乎他们正求知若渴的假象，误以为此时正是开发智力的关键时刻。

然而事实真是如此吗？如果你能够进行仔细观察的话，就会发现他们其实并没有认真倾听大人的回答，而只是一味地重复自己的问题，从来没有思考过如何解决问题。他们对大人一丝不苟的耐心解说并不十分感兴趣，之所以这样做，是因为需要利用这种简单的手段，来维持大人在他们的身边。

很多父母并没有意识到依附状态对孩子的危害，有的甚至对这种状态十分满意，因为他们发现自己很容易就能控制孩子的思想和意志，在管理孩子方面省下了不少精力。孩子不会跟自己顶着干，不会让自己愤怒得要爆炸，也就是说这种孩子不会让父母产生很多烦恼。于是，父母就觉得这类孩子是乖的、可爱的，被表象蒙蔽了双眼，看不到这种状态对孩子的致命影响。

孩子将在父母的控制之下，放弃自己思维和行动的能力，这无疑会影响到孩子智力的发展。而且，孩子的这种依赖心理也很容易演化为冷漠、懒散。孩子天生所具有的活生生的创造潜能就这样夭折了。

家长放手才可以放心

育儿智思：每个家庭都把自己的孩子捧在手心，有些家长对孩子的关爱已经变成了溺爱，让孩子成为父母羽翼下无法独自飞翔的幼鸟。但孩子的成长不能被父母代劳，父母要舍得放手，孩子才会真正长大。道理真的很简单，而且我们的家长们都懂，但是真正做到的又有几个家长呢？

从前，有一位体育老师，教孩子们溜冰。开始时，孩子们不知道技巧，总是跌倒。所以，他给了孩子们椅子，让他们推着椅子溜。这方法不错，孩子们一直推着椅子溜，不再摔倒，可以来去自如了。一星期之后，老师看见孩子们还在拿着椅子，立刻过来拿走了，孩子们马上跌了下去，嚷着要椅子。但老师没理他们。孩子们只得努力靠自己，站稳了脚步。这才发现，孩子们在冰上这么久，椅子已帮他们学会了许多。但扶椅子只是一个过程，真要学会溜冰，非把椅子拿开不可——没有人带着椅子溜冰的！

家长们不能让孩子有上文中的那种想法，认为自己离开父母的怀抱和庇护就不能好好生活。有些孩子在父母的呵护下已经养成了对父母依赖的习惯，这其实对孩子来说，不是一件好事，只有自己走出了父母的庇护，才能自力更生，才有自己真正的成长。家长也要像上文中的老师那样，舍得对孩子放手。家长不放手，孩子永远长不大，只有敢于让孩子跌倒再爬起，孩子才能得到真正的成长。

这些道理似乎很简单，家长们也都懂的，但是真正做起来，却又是另外一回事。舍得放手的父母也有，但也有很多的父母在一直当着孩子的那把“椅子”，在生活中的处处，总是替孩子考虑到。有个例子很好地说明了一些家长在教育孩子方面存在的一些问题。有一次，某小学的一个班级就快要开始考试了，监考老师发现窗台上有父母一直在比比画画，老师刚开始以为是有的孩子忘带了文具，过去一问。原来这个家长专门赶到学校就是想对自己的儿子说，考试之前要提前上厕所。老师对此相当惊讶。

我们不可能帮孩子把每一件事都做好，都安排好，也无法帮孩子把握他自己的人生。父母应该给予孩子无微不至的照顾，但不能无限度地去呵护孩子。过分地照顾会使孩子依赖父母。一方面，过分爱护孩子，会使孩子失去可能的发展空间，父母什么都帮孩子做好了，孩子就失去了很多发展的机会，也会使孩子的未来成为孩子的炼狱。另一方面，过度爱护孩子，也给孩子传达一个信息，他是没有能力的，长此以往，孩子没有能力在任何情况下采取自我保护行为，结果可能使孩子成长为一个懦弱、缺乏勇气的人。

第四节　爱孩子本身，做孩子的好伙伴

陪伴是孩子成长最好的“营养剂”

问题直击：作为孩子的父母，都希望孩子能够健康幸福地成长。每天拿出一点时间，抱抱自己的孩子，陪孩子玩一玩，逗孩子笑一笑，这也不难办到。为了孩子的身心健康，也为了自己活得轻松，父母们多陪陪孩子吧。

俗话说：“生的亲，不如养的亲。”对于父母这个概念，除了血缘关系之外，真正日久的相伴和养育才是更重要的部分。因为孩子小的时候思维还没有定性，容易被影响，也容易被他人的言语左右了思维，一旦父母冷落了孩子，孩子就极其容易和父母产生隔阂。

如果父母把孩子交给别人带，会造成父母与子女关系紧张。往往每个人的教育方法都不一样，别人教育孩子的方式，如果和孩子的父母不一致的话，容易给孩子造成心理上的落差和障碍，让孩子无所适从。当孩子已经习惯了别人的方式，也会对自己的父母产生抵触情绪，这对孩子的健康成长是极为不利的。

作家池莉就曾在自己的书中写道：“我发现从古至今，孩子都是一样的，家长却发生了巨大改变。现在太多的父母在孩子身上只愿意花钱，不愿意花时间、精力和心思。实质上是家长变得糊涂了，自私了，盲目了，愚蠢了，懒惰了。”

爱是一种特殊的“工作”，它要求你必须在孩子身上花足够多的时间和精力，来培养与孩子的感情。著名主持人杨澜，她是个忙碌的妈妈，但也是个尽职的妈妈。在家的时候，她会尽量陪在孩子身边，与他们一同玩拼图、打闹、做游戏，给他们讲故事，与孩子们一起分享感受，认真地倾听孩子诉说；即使在外出差，也常常打电话回去，同孩子交流心声。虽然工作很忙，但杨澜只要有空，就和孩子们去动物园玩，和孩子一起看电影，还会一边看一边和孩子一起大叫。

现在，很多父母由于忙于工作，不能自己带孩子了，隔代抚养、保姆、托管，各种代养方式应运而生。据调查，目前我国平均约30%的独生子女是由其祖辈抚养着的。孩子年龄愈小，与祖父母生活在一起的比例愈高。有些父母会认为，孩子逐渐长大了，可以不需要家长的陪伴。自己可以放心地去投身自己的工作，达成自己的事业。然后就能够让孩子过上更好的生活，孩子就会有幸福优越的生活。但事实是这样吗？现代心理学家研究表明：对于4 ~ 10岁的孩子来说，他们最想要的是："让父母注意自己，让父母跟自己一块玩耍，让父母关心自己。"

父亲的影响力不可小瞧

观点碰撞：在每一个家庭中，孩子都希望得到父母的陪伴，母亲一般会花更多的时间在照顾家庭上，而父母的角色就稍有不同。在孩子成长的过程中，父亲和母亲都会对孩子有重要影响，尤其父亲的重要性是同样不容忽视的，父亲的陪伴对孩子的成长有着积极而深远的影响。

父亲是孩子游戏的重要伙伴。在家庭交往中，相对于把更多时间花费在照料孩子生活上的母亲，父亲更多的是与孩子一起游戏。父亲用触觉、肢体运动的游戏把孩子举得高高的，来回悠。这些大动作、激烈的身体游戏使孩子快乐地"咯咯"大笑。

父亲帮助孩子形成积极个性品质。现代社会，良好的女性特征得到社会的推崇，即会关心人、体贴人，有良好的同情心、善意；而良好的男性特征，即独立、自主、坚强、果断、自信、与人合作、有进取心等也是社会对人的要求。父亲对孩子良好个性品质的形成具有极大的促进作用，是孩子良好个性品质的重要源泉。父亲通常具有独立、自信、自主、坚毅、勇敢、果断、坚强、敢于冒险、勇于克服困难、富有进取心、富有合作精神、热情、外向、开朗、大方、宽厚等个性特征。

父亲能提高孩子社交技能。随着孩子长大，学会说话、走路，独立性、生活自理能力的增强，与外界交往需要也日益增多，要求扩大交往范围与内容，不再满足于以往的交往方式与圈子，因此父亲成为孩子重要的游戏伙伴，扩大了孩子的社交范围，丰富了孩子的社交内容，满足了孩子的社交需要。

父亲能使孩子性别角色正常发展。在儿童性别角色发展中，父母都起着一定的作用，但是父亲的作用似乎更大一些；尤其对男孩，作用、影响更大。父亲积极地和孩子交往，有助于孩子对男性、女性的作用与态度有一个积极、适当而灵活的理解。

从母亲那儿，孩子可以更多学到语言、日常生活知识、物体用途、玩具的一般使用方法，但从父亲那儿，则可以学到更丰富、广阔的知识，更广泛地认识自然、社会，并通过操作、探索、变换多样的活动、玩法，使儿童逐步培养起动手操作能力、探索精神，刺激、丰富孩子的想象力，培养孩子动脑、创造意识，并发展孩子旺盛的求知欲和好奇心。这对孩子的认知发展都是十分重要的。

第五节　孩子的笑脸是最美的画面

谨防孩子患上“忧郁症”

观点碰撞：许多孩子，尤其是中小学生，年纪小小的，却经常感到忧郁、困惑。很多小学生家长也反映，自己的孩子吃的、穿的、用的什么都不缺，可是就是不高兴、很少笑，对什么事都提不起兴趣。心理专家提醒道，也许孩子已经得了抑郁症。

在北京召开的国际心理学大会上有专家提出，中国目前约有 20% 的儿童出现抑郁症状，其中 4% 为临床抑郁，即需要接受临床治疗的重症抑郁。抑郁症正严重威胁着中国儿童的心理健康，让孩子稚嫩的脸上失去笑容，让家庭布满阴霾。

儿童抑郁症的表现首先是孩子不高兴、情绪低落、不爱说话、不愿吃饭、兴趣下降、学习时精力不集中并且成绩下降，这需要家长仔细观察才能发现；有时孩子开始失眠、经常起夜，偶尔会说最近我很烦之类的话；更重要的一点是，以上的症状要持续超过两周才有可能是抑郁症。对于是否是重症抑郁主要看对社会功能的影响即对生活的影响，像轻的抑郁儿童还能坚持上学，只是学习成绩下降，而重症抑郁儿童根本不能上学，需要接受医院的科学治疗。

很多人觉得只有生活工作压力大的成人才会被抑郁症所纠缠，可是孩子为什么也会得抑郁症？心理教育专家介绍，造成这种情况的原因有许多，其中家长与孩子沟通少，亲子交流不足，是造成儿童患抑郁症的重要原因。

专家告诉父母，爱玩、爱做游戏，是孩子的天性。游戏的娱乐性和趣味性，使孩子心情愉快。而父母与孩子共同做游戏不仅有益孩子的生理和心理的健康发育，也有助于亲子之间关系的改善和父母孩子心理压力的舒缓，不良情绪的发泄。父母与孩子共同做游戏，是加强亲子交流、感受亲情关爱、预防儿童抑郁症的有效方法。

给孩子最好的礼物——快乐！

育儿智思：轻轻闭上眼睛，会出现童话般的世界。孩子们天真烂漫的身影，时时浮现于脑海。在父母心里，孩子是一颗颗需要点燃的火种，是一粒粒期待激活的苞芽，而走进孩子的心灵，就是让火种绚烂燃烧，让苞芽破土而出的第一步。

让家长与孩子共同玩耍、运动，可以帮助家长与孩子在互动中增进亲子感情，激发孩子的运动热情，舒缓孩子的心理压力，让孩子远离抑郁症，让家庭重拾快乐光阴。作为家长，我们知道，要珍视每一朵花。有的孩子外向，总是喜欢和伙伴们聊天玩游戏，有的孩子却不善言谈，或是不愿表达自己，这个时候，父母更要细致观察他们的言语行动，因材施教，循循善诱。在他们的人生起点，不因为他们的沉默而忽视他们的存在，而是给他们搭建一个展现的舞台，送他们一个鼓励的眼神，一个信任的笑容，他们将拥有的一定是一个自信满满的未来。

对父母来说，能给孩子最好的礼物就是让他有感受快乐的能力。这里说的“快乐”可不是给他买个心爱的玩具那么简单。真正的快乐可以滋养孩子的心灵，让他对周围变化繁复的世界有足够的抵御能力。

让孩子感受到快乐的最有效的方法莫过于对他的表现给予全部的注意力，因为这能让他觉得你重视他。想要做一个好的倾听者吗？记得要把你的两只耳朵都给孩子。如果孩子对你说话的时候你正在忙着其他的事情，一定要停下来，把注意力转移到孩子那里。不要打断他，不要插嘴，也不要催促——即便他讲的事情你已经听过一遍了。还有，学会抓住那些与孩子交流的黄金机会，比如和孩子一起坐车，或者是在他临睡前，坐在他的床边，听他讲自己编的故事。

孩子的欢笑串联成了一条成长的轨迹，一边盛载着孩子们的童年，一边流逝着父母的陪伴，就像两条紧紧跟随的平行线，伴着我们共同成长。孩子的纯真涤荡着我们家长的灵魂，孩子的笑脸满心欢喜，仿佛看到希望的花朵盛开。

快乐秘诀知多少?

问题直击：快乐是孩子健康成长的营养剂，快乐是孩子脸上最美的笑容，快乐也是让亲子之间幸福的秘诀之一。快乐的孩子都有同样的特点，比如，开朗乐观，有自制力，而且非常自信，快乐的孩子是如何“塑造”出来的呢?

1. 给他一些发呆和闲逛的时间

能够获得成功的孩子通常也就能得到快乐。然而，在帮助你的孩子准备应付未来的种种挑战的同时，你一定要克制自己，不要用各种各样的活动把孩子的时间填得太满。在大人们都高喊减压的年代，小孩子也需要同样没有压力的空间，在各种训练班和课程之间得以喘息。给他们一些望着天空的云发呆的时间，这种你看来是无聊的活动其实是孩子的想象力充分活动的时间。让他们可以不受约束地去抓小昆虫，堆个样子奇怪的雪人或者是看蜘蛛结网。这些活动都将给你的孩子一个自己去探索世界和追求快乐的机会。那么你呢？为什么不试试也在自己拥挤的日程中抽出个小空隙，加入到孩子们欢乐的队伍中去。从帮儿子洗个澡，到全家人在院子里数星星，其实快乐到处都有。

2. 教会他帮助周围的人

快乐的一个重要原则就是让孩子感觉到自己在家庭中，在周围的大环境中都是一个有价值的成员，自己的行为是非常有意义的，可以影响到其他人的生活。要让孩子产生这种感觉，你就需要多为他制造一些给予别人帮助的机会。比如，和孩子一起整理那些他已经不再需要的玩具，捐给福利院，或者其他有需要的孩子。即便是非常小的孩子也能够感受到帮助他人的乐趣。在国外有很多专门为孩子设立的福利机构，这些机构中最受欢迎的活动就是教小孩子用家里的废旧布条填充玩具熊。即使是只有两三岁的小孩子也会兴高采烈地帮忙给小熊粘上眼睛和嘴，然后送给福利院的小朋友。

3. 大声笑

一家人在一起的时候，多讲讲笑话，唱那些可笑的歌谣，或者不妨开个自嘲的小玩笑。笑不仅对你的孩子，对你也很有好处。其中有一个好处是身体方面的：当你大声笑的时候，就释放了紧张的情绪，同时吸入更多氧气，这样能让你在很短时间内就精力充沛，情绪高涨。多创造几种表扬的方式。当你的孩子取得进步，掌握了一种新技能，或者是完成了某个任务，不要只是简单地对他说："乖孩子"，或者"做得不错"。

表扬有的时候也是一种技巧，你要说得详细一些，指出你觉得孩子做得好的具体细节，比如："我喜欢你讲的故事里那个大英雄，他真厉害啊！""你这棵树画得真不错！"这样的言语比仅仅是拍拍孩子的肩膀效果要好得多。同时，不能过度表扬和奖励。一个 6 岁孩子的母亲就说："从前，我会每周都因为孩子做好了某件事情而给他发个小奖品，后来我发现，他最关注的是奖品本身，而不是把事情做好。"其实奖励并不重要，重要的是教会你的孩子去体味成就感带来的满足。

4. 放弃所有的完美理念

我们都希望自己的孩子能做到最好，但如果做父母的试图帮助孩子改正或者"收拾"他们造成的不够完美的结果，其实反而损害了孩子的自信心。你让孩子擦桌子，然后你自己又再擦一遍，这种举动其实是在告诉孩子：你做得不好。更不幸的是，孩子慢慢也就会相信：我做得确实不好。下一次如果你又试图帮助孩子修正他做过的事，记得问问自己：如果不这么做，会影响到孩子的健康或者安全吗？如果不这么做，一年以后会有什么遗留的后果吗？如果答案都是“NO”，那么你最好还是放弃。

可能你会认为帮助孩子掌握更多技能是身为父母的责任，但记住，这只是做父母的一部分。你与孩子之间的情感联系远远比他是否把桌子擦干净要重要得多。

第三章
放下权威，学会慢养

父母是家庭中绝对的权威，这个权威是相对孩子而言的，因为没有父母，就没有孩子。然而，孩子更喜欢父母是朋友般的伙伴形象，而不是威严的权威形象。父母们，放下权威，扬起嘴角，给孩子最温暖的笑。同时，陪伴着孩子，让孩子慢慢地成长，不要操之过急，也不要“揠苗助长”，就这样，静静地看着孩子一点点长大，就像自己精心培育的一棵幼苗，先破土而出，然后吸收阳光雨露，自然地成长。

第一节　别对孩子念“紧箍咒”

第一个该受教育的是父母

问题直击：家长爱念“紧箍咒”的话，爱对孩子施加压力，经常限制孩子，支配孩子，这种教育模式，实则是对孩子自主性的一种严重的损害和打击。但这种教育现象在我们的生活中却经常看到，家长朋友们，你是爱念“紧箍咒”的唐僧般的父母吗?

曾有个记者随机对30对婴幼儿的父母进行了采访，结果显示，所有的被访家长都承认经常对孩子说“你要这样，不要那样”“这样不行，那样才可以”“应该这么做”之类的话，父母对孩子的限制就像“紧箍咒”一样，无处不在，比如孩子开始上学了，父母也会整天在耳边不断强调成绩的重要性，强调隔壁家的哪个同龄孩子如何如何，也会对自己的孩子提出诸多要求，要孩子学习什么，放弃学习什么，回家要做什么，而不是不做什么。

孩子在摆积木，爸爸会告诉孩子不要乱搭，要这样摆才稳当；孩子想穿红衣绿裤，妈妈会告诉孩子，红衣服配蓝裤子才好看；孩子想和小伙伴换零食吃，妈妈连忙给孩子“耳语一番”，告诉他对方的食物不健康，弄得孩子只好委屈地收回向小伙伴伸出的手……

教育专家认为，如果父母一直这样养育孩子，那么孩子的独立性、思考力就是在“你要这样，不要那样”“这样不行，那样才可以”之类的话中被消磨掉了。久而久之，父母的权威意志、喋喋不休、事无巨细、样样过问会让孩子走向两个极端：要么孩子产生强烈的逆反心理，会和父母对着干，即便你说得对，他也不肯照办，甚至还会反抗；要么绝对服从、听话，继而没有自己的想法和思考，完全听从父母的安排，成为“依赖型”孩子。

如果父母想避免这两种情况，那就要尊重孩子的自主性，给孩子自由发挥的时间和空间。当孩子的行为和想法出现偏差时，先别着急“指点江山”，冷静一下，让引导代替干涉，让建议代替指责。给孩子时间，让他自由地做自己的事情，即使看上去不对或者不靠谱，也没有关系，随孩子去，等待他，在自由中健康成长。

避开误区，让孩子自己做主

观点碰撞：世界上万事万物的发展，都有其自身的规律，这种规律是客观存在的，不因为外力的关系而消失或者不起作用。孩子的教育也存在这样的客观规律，也包括孩子的成长和孩子的早教，也有规律。父母们如果能了解孩子成长中的规律，那就能顺势而为，帮助孩子顺应自然规律成长。

孩子在不同成长阶段，接受和学习的东西不同，一般在4岁前，尤其是3岁前，应该任由孩子的天性发展。良好的性格是孩子快乐、幸福成长的基石，家长应该把性格养成教育，放在孩子教育的首要位置，要通过科学地爱来塑造孩子良好的性格。

教育专家认为，早教不是要让孩子记住多少个字或是掌握多少运算知识，家长需了解，如果教育过度超前，当孩子接受不了时，容易产生焦虑和压抑的情绪，反而可能会给今后的成长留有一些心理障碍。现在很多家长在判断一个小孩是否聪明时，总爱用成人的那套标准来衡量，这是十分错误的，早教不是单纯地强调早期智力开发，更强调的是性格的培养。

0 ~ 3岁是孩子基本素质的发育时期，根据联合国教科文组织的报告，这一时期的孩子只要能做到“4个学会”就可以了。孩子要学会对周围事物的基本认知，学会做一些自我服务、力所能及的事，学会与人共同生活及处理简单的人际关系，学会认识自我并有安全意识。具体说来，就是孩子能洗洗手绢、学会听和念一些简单的三字儿歌、能跟小朋友合作、学会“交朋友”、能随意写一些笔画、信笔涂鸦一些图形，这就可以了。对孩子的这些要求是与孩子的生理发育有关的。由于孩子手部的肌肉不发达，对笔的控制能力有限，根本不能以正确的笔顺和姿势稳定地书写，所以只能信笔涂鸦，强迫他写得很准确几乎是件“不可能的任务”，而且，这时期的孩子理解力和记忆力很有限，家长念的儿歌、诗歌或短文如果过于生僻，即使让他们死记硬背下来，也完全起不到早教的作用。

现在有很多家长都有早教的意识，可具体到教育方法上，有的父母却走入了一些误区，有的家长认为，要让孩子有个好习惯，就要让孩子从小绝对服从自己的意志。但家长要知道，如果家长从小就对孩子过分专制，那孩子就会变得畏畏缩缩，这会限制孩子的智力发展，孩子会变得胆小、怕事。

正确做法是，假如孩子提出的要求合理，应尽量尊重孩子的选择，而不要把成人的思维强加给孩子。此外，有的家长对孩子的智力发展和成长期望值太高，在教育孩子的过程中操之过急，有的家长让2岁的孩子学英语，让3岁的孩子背唐诗、做数学题，这种方法都不值得推广。如果家长一味地追求所谓的知识，“拔苗助长”往往会造成孩子负担过重，如果孩子感到难以适应压力，就会产生消极的心理倾向和行为。

第二节　你真懂孩子的心吗？

用“心”搭建亲子沟通之桥

问题直击：成长中的孩子，几乎天天都有变化，作为父母，要想真正地了解自己的孩子，可以多陪陪孩子，和孩子做朋友，平等地交流，真诚地沟通。每个孩子的性格各不相同，有的孩子天生胆小，内向害羞，有的则性格活泼，外向大胆。作为父母，除了要给予孩子各方面的照顾和关怀外，也要注意认真观察，问自己一声：“真的懂孩子的心吗？”

有个小学生在自己的房间里做作业的时候，传来疲惫的声调：“妈妈，现在几点了？”他的妈妈一听，很生气，以为孩子学习不专心，其实这个孩子只是因为今天下午上了体育课，做了运动有些累，想早点做完作业去休息，但显然他的妈妈误会他了。这个孩子最近成绩不太稳定，他的妈妈心想是不是快要升入初中，压力大导致成绩滑坡了吧？于是这个妈妈也没有和孩子多交流，还为孩子聘请了一个家庭教师。孩子在家教老师的指导下，学习还是没有起色，相反孩子的成绩越来越不好了，没请家教老师之前，只是成绩不太稳定，时好时坏，但请了老师之后，成绩就一直直线下滑。他的妈妈很着急，也有些生气，一味地责怪孩子，越来越不争气了。孩子在妈妈的压力之下，越来越内向了，经常对着书本发呆、叹气。

其实，孩子之前成绩不稳定，是因为孩子对绘画有了很大的兴趣，经常挤出时间来画画，但他的妈妈并没有观察到这一点，反而因为孩子成绩出现波动而反应过激。后来孩子看妈妈请了家庭教师，让孩子心里无形中承受了很大的压力。孩子觉得自己的成绩真的变差了，父母已经对自己失望了，所以才找来家庭教师辅导他。有了这种消极的心理暗示，孩子越来越沮丧和自卑。同时，自己内心的真正想法并不被父母所了解，他想去学画画，但是父母不知道，也没有发现他每天偷偷在画画。最后，孩子成绩下降，自信心受到了打击，连画画也放弃了。

如果这个家长可以多和自己的孩子交流沟通，多注意孩子的变化，及时发现他们心中的秘密，也给孩子阐述自己想法的机会，也许这个孩子会把自己心里的愿望告诉父母，也许父母不会请家庭教师了，也许孩子可以及时稳定自己的成绩，同时也可以继续自己的爱好。这个例子也提醒家长们，首先应该要多观察孩子，了解他们的行为目的、情感愿望等。不能不问青红皂白，就去批评他们，教训他们，给孩子主动言说的机会和权利。如果孩子总是被父母挑剔和训斥，他们也会不舒服的，同时也会很苦恼，与父母交流的大门也许会慢慢关上的。

而且，更为糟糕的是，我们的父母也很少向孩子敞开心扉。比如，当孩子问："爸爸，你为什么不高兴呢？是不是有什么事情呢？"很少有父母会耐心给孩子解释，我们习惯就搪塞过去，"没什么，我很好。"或者说，"这不关你的事，你玩你的吧。"就这样，很容易地就将孩子对父母的关心给推开，而孩子得到这样的答复，一般心里也不会多想，但还是觉得父母不重视自己，时间长了，也不会多问什么的，知道问了也没有答案。其实，父母可以借这个机会，蹲下来，和自己的孩子分享生活中的体验和感受。告诉孩子你为什么不开心，孩子也会很懂事地来安慰你，在这个互动的过程中，孩子也学会了如何去关心人，同时，也拉近了亲子之间的关系。

很多时候，家长们习惯对孩子做严肃的教育和训导，有一种高高在上的架势，使得父母和孩子之间的交流变得不平等，即使沟通交流起来，效果也不会很理想。有的家长对孩子比较友好，不摆架子，和孩子讲道理，但有时候，孩子不一定买父母的账，可能还是不听话，或者不讲道理，这可能是父母和孩子之间的交流存在障碍，这就更需要父母了解自己的孩子，对症下药，及早清楚交流障碍。

花钱雇爸爸吃晚餐

观点碰撞：很多家长认为自己很了解自己的孩子，实际上却不是这样的，有时候父母宁愿花时间去和别人诉苦，诉说孩子怎么不听话，不爱学习等等，也不愿意和孩子进行交流和沟通，从不问问孩子为什么不听话，不爱学习。这种情况很常见，也很奇怪。其实，孩子的心思很简单，他们最希望的就是父母能够多多地陪伴在他们身边。

一位爸爸下班回家后，五岁的儿子在门外等他。“爸爸，我可以问你一个问题吗？”

“什么问题？”“爸爸，你一小时挣多少钱呢？”

“这与你无关，你问这个干什么？”

爸爸显然有点不耐烦，他刚下班，有点累了。

“我想知道，爸爸，你一小时挣多少钱呢？”孩子在哀求。

“假如你一定要知道的话，我一小时挣 20 美金。”

“噢。”孩子低下头，“爸爸，能借给我 10 美金吗？”

爸爸发怒了，“如果你问这个问题只是要借钱去买毫无意义的玩具的话，那就回你的房间好好待着，我每天辛辛苦苦地工作，没时间和你玩小孩子的游戏。”

孩子失落地走回自己的房间。爸爸还在生气，但过了一会儿，他觉得自己刚才似乎对孩子太凶了点，也许孩子真的想买什么东西呢？

爸爸来到孩子房间，递给孩子 10 美金，“这是你要借的 10 美金，告诉我，你要买什么呢？”

孩子高兴地接过钱，“爸爸，谢谢你。”然后又从枕头下掏出一些钞票，又递给爸爸说，“我之前只有 10 美金，现在有 20 美金了，我可以向你买一个小时吗？明天陪我和妈妈一起吃晚餐，好吗？”

这个故事，让无数父母动容。大人们永远有忙不完的事情，但是这并不妨碍和孩子们交流。孩子是很需要父母的陪伴和理解的，每一个为人父母者，都应该多花一些时间在家陪陪孩子，听听孩子的心声，多了解孩子的需要。其实，孩子最大的需要就是父母的陪伴和交流。

孩子渴望了解自己的父母，他们希望知道更多爸爸妈妈的事情，所以孩子们爱缠着父母问这问那，同时，孩子也渴望父母能了解自己，能倾听他们的心声，了解他们的看法。

爱是建立在彼此了解和体谅的基础上。父母对子女的爱，如果不是真的了解孩子的情感，便很难表达出真正的关爱。如果不了解自己孩子真正需要的是什么，一切关爱和呵护，其实只是满足了自己爱孩子的心理需求，却没有把爱真正地给予孩子。

第三节 打破对“专家建议”的心理依赖

父母不可迷信“育儿经”

问题直击：如今市面上流行的很多“育儿宝典”“妈妈真经”“育儿心得”等等书籍，被很多父母捧成了“参考意见的典范”。家长们爱子心切，都想用最科学的方法来养育自己的孩子，也放弃了自己主动思考的机会，因而对那些“专家建议”产生了依赖性，甚至是严重的依赖性。家长朋友们，你对“育儿经”有心理依赖吗？

近日，广州总医院儿科接待了一名奇怪的小病人。这名刚满一岁的小患者有个奇怪的病，每次吃完奶就哭闹，怎么哄也哄不好。最后可急坏了没有育儿经验的父母，赶紧抱来医院求医。该院儿科医生经过仔细检查，并没发现小病人有哪里不舒服，小病人吃完奶就哭闹唯一的原因就是没吃饱。“这个家长很有意思，甚至可以说是教条，不知从哪里找了一本育儿经，上边写明像他小孩这样大的孩子，每次喂奶60ml，他们于是就不知变通，一点奶也不多给。结果小孩子每次只能吃半饱。”医生说，现在年轻的父母家里都是独子，往往没有育儿经验，非常迷信现成的育儿经，这样非常不可取，“就像刚才的那对父母，长期下去，小孩可能会营养不良、发育迟缓，后果很严重”。

欧美国家曾一度提出，4个月以内的孩子不用喂水，于是我们国内很多家长照做，结果孩子生了病。要知道，欧美国家的温度、湿度有其自己的特点，而我们国家的北方地区，气候干燥且有“捂月子”的风俗，孩子体内失水多，因此不能和国外实行同一个标准。因为不少新妈妈将育儿书奉为“圣典”，认为书是专家写的，内容无可置疑，于是生搬硬套，结果遭殃的是孩子。

比如，在问到出生 5 ~ 6 个月的孩子的父母，其孩子大便是否痛快时，大部分都回答说存在不同程度的便秘。原因之一是，育儿书上讲，从 4 个月开始添加辅食，而孩子在 4 个月以前全部吃的是流食，有的父母甚至在孩子第 3 个月最后一天的时候吃的仍是流食，而到了满 4 个月的这一天，突然开始吃泥糊状的食物，蛋黄、米粉一起加，孩子的肠胃自然很难一下子接受，于是便会出现便秘了，这就是看了育儿书以后造成的误导。新妈妈们正确的做法，应该是以孩子为本，只要孩子吃得香、情绪好、睡得稳，身体状况正常，就没有必要非要按照书上说的去做，比如非得按照奶瓶上的刻度去喂孩子。毕竟每个孩子的食量不一样，其体力消耗、体能代谢不一样，身体状况也会有差别。不要被育儿书绊住了手脚，要总结摸索出最适合自己孩子的喂养方法。

年轻的父母们，对孩子健康问题千万不能掉以轻心，不能盲目地相信所谓的“育儿经”和过来人士的经验。因为这些育儿经和经验，往往都有一定的普遍性，可为很多孩子的健康成长做出有意义地指导。但每位家长的小孩都有不同的个性、特点，具有共性的东西有时候会不适应自家小孩。对待自家小孩，应该熟悉掌握他们与众不同的地方，有选择性地利用“育儿经”，否则可能会事倍功半。“健康问题上，拿不准主意的，最好去看专门的儿科医生，他们的意见才算是相对权威的。”这是一位医生对现在迷信“育儿经”的告诫。

育儿不宜“照本宣科”

育儿智思：很多年轻家长个性叛逆的特点也表现在教育孩子上面，他们爱看书、爱上网，跟同龄家长交流，但却很少跟自己的父母沟通，对长辈的经验之谈大多不以为然，甚至有种天生的排斥心态，总觉得父母的方法是老套、过时、缺乏科学根据的，还是更喜欢那些看似“科学”的“育儿宝典”。

李倩和丈夫都是80后，平时很喜欢读书。两年前，他们可爱的儿子降生了，给小家庭带来了很多欢乐。从怀孕初期开始，夫妻俩就特别喜欢收集各种各样的“育儿宝典”，尤其是李倩，特别相信书上的观点，总是严格遵守，不敢有一丝一毫的差错。

可是随着孩子一点点长大，购买的书越来越多，他们逐渐发现不是所有育儿书里所教授的方法都非常符合实际情况，有些观点和长辈的经验不符。但李倩一直认为书本上的知识相对科学，为此经常和父母发生矛盾。

但后来，李倩发现不同书籍对待同一问题的观点有时也是矛盾的，不知道听谁的好。这种现象发现的越多，小两口越迷惑，抚养孩子到底是应该遵照“课本”，还是多参考长辈的意见，抑或是应该自己摸着石头过河呢？

在图书市场中，几乎每一家店面都为育儿图书设立了专门的书柜。育儿图书在市场上出现时间已经不短了，但市场销售较为火爆是近几年才有的事。购买群体以较为年轻且知识水平高的家长为主。

儿童教育专家认为，近些年，80后人群先后进入结婚、生育高峰，他们往往思想开放，善于接受先进的科学观点，而且普遍较高的教育程度促使这一批年轻的家长成为了育儿类书籍的忠实拥趸，客观上助推了育儿类图书的热销。

专家还认为，科学喂养对孩子的成长很有好处，但由于条件限制，目前家长获得育儿知识的途径较为有限，主要以图书、网络等为主。这就导致近年来育儿图书市场火爆，大批“育儿宝典”、“妈妈真经”等书籍充斥市场，其中有很多内容科学详尽的好书，但也不乏大量内容雷同、抄袭编造的劣质品。专家提醒家长，在选择书籍的时候应该多花点心思。如果是到书城购买，可以从书籍的印刷水平、纸张质量等方面初步判断图书的质量，最好选择知名专家的作品，不要不加甄别地跟风购买。如果是在网上购买，则需要多参考此书过往读者的评论，尽量选择口碑好、好评多的图书。

养育孩子，该听父母和过来人的，还是由着自己？二者带出来的孩子又有什么明显的区别呢？孩子的个性一方面由先天决定，另一方面和儿时受到的教育也息息相关。老人带的孩子听话，年轻人带的孩子个性强，这种现象虽然不是绝对的，但出现的比例很高。

很多年轻家长排斥老一辈的育儿观念，觉得他们观念陈旧，不利于培养孩子适应当前社会的能力。但他们同时也应该看到，老人细心有经验，在生活起居上可以把孩子照料得非常好。而且与有工作压力的年轻父母经常把情绪传染给孩子相比，祖父母在心态上要平静得多，更易于儿童快乐成长。

老一辈和年轻家长对孩子的教育各有所长，最好的方式就是双方配合，合理分工。两代教育者之间要互相理解，经常沟通，如果遇到年轻家长的新观念和老一辈经验相冲突的地方，双方可以咨询专家，合理解决。

最好父母的职能以教为主，老人的参与以养为主。孩子的智力开发和生活能力培养方面，以年轻家长的观念为主。而在孩子身体生长发育方面，尤其是婴幼儿时期，很多情况下老一辈的经验要比书本上照本宣科的方法实用得多。

第四节 经验对孩子的未来未必管用

育儿慎用“拿来主义”

问题直击：教育孩子是每一个父母的职责，无论是中国人还是外国人，都面对着“养育孩子”这一重大的问题。如今，市面上有不少国外教育孩子的书籍，究竟这些书对中国父母养育孩子有着怎样的影响呢？外国父母教育孩子的经验对中国孩子适用吗？

现在，有很多国外教育孩子的书籍出版，其中有些介绍外国的父母是怎样养育自己的孩子的书籍中，也介绍了一些洋妈妈的育儿经验，这些“经验之谈”让中国妈妈大吃一惊，但似乎有些地方也很有道理，值得中国妈妈学习。

比如孩子的吃饭问题，洋妈妈的做法是“不吃就饿着”，甚至要求三岁的儿子：“既然你不想吃饭，从现在到明天早上，你什么都不能吃。”晚上孩子饿了，吵着要吃奶奶做的中国菜，洋妈妈也严厉地拒绝，真就饿到第二天早上，给了孩子一个狠狠的教训。

结果是，从此以后孩子吃饭都很积极，他不想因为“罢吃”而错过食物，再受饿肚子的苦。孩子有一辆自行车，喜欢得谁都不许碰，一次邻居的一个男孩子趁这个孩子不注意，偷偷骑走了，孩子跟妈妈告状，可聚在一起喝咖啡的妈妈们“不问政事”，让他们看着办。理由就是“你们的事情自己解决，妈妈可管不了。”孩子闹成一团也不多干预，最多哄哄受欺负的一方。最后，小家伙们哭完闹完还是一起玩得很开心。

可有些中国妈妈一番实践下来，又觉得洋方法有待商榷，需要因人而异。比如，吃饭问题上，有的妈妈也尝试过饥饿疗法。可人家这顿没吃，下顿也不惦记。即使主动说要吃，也小手象征性地拿一点，舔一舔或者吃几口完事。饿着自然提不起精神，最后干脆就躺地上玩小汽车了。真不吃，吓坏的是父母。再说小孩子的相处。中国妈妈在实践的过程中，发现有的孩子胆小，属于“谦谦君子”型。特小的时候，玩具都乐意给小朋友，可别人拿了就拿走了，不会还回来的，有时候孩子可怜巴巴地拉着妈妈的手找求助。

有些家长当时的办法也是跟洋妈妈一样“你自己的问题，自己想办法解决”。可孩子就是不敢去要回来。发展到最后，再大一点，孩子干脆就把自己的玩具看得紧紧的，谁玩都不给了。“你的是你的，我的是我的。我不玩你的，你也别惦记我的。”国外孩子的教育经验有时候也不管用啊。

“拿来主义”得好好研究研究，全盘套用估计不管用。中国妈妈在处理有些问题上，还是要有自己的方法，不可全部照搬洋妈妈的“育儿经”。比如，吃饭问题上，中国妈妈以妈妈喂为主，孩子吃为辅的原则，先把饭吃下去最重要了。出去玩，遇到不讲理的“小霸王”，抢了孩子的玩具，中国妈妈也不再听之任之，直接现身说法，给一个示范：拉着他的手，先是友好地请别人归还玩具，万一还不奏效，就跟对方说：“你玩一会儿了，我们也玩一会儿好吗？”或者用其他玩具交换。对方家长大多是懂道理的，都会帮着劝说自己的孩子，问题自然也就解决了。

看来，教育孩子，还得父母们自己去摸索，没有“用之四海而皆准”的经验。面对那些不论是国内教育孩子的经验，还是国内父母的“育儿经”，家长朋友们都需要有所辨别，有所判断，最重要的是了解自己孩子的特点，有自己独特的教育方法，而不是去照搬别人的经验。

教育孩子不是传达自己的经验

育儿智思：很多父母在养育孩子的时候，直接就把小时候他们的父母养育孩子的一套直接用在自己的孩子身上，这种流传下来的“经验”也有其可取之处，但也不能就这样直接拿来照搬，时代不同，养育孩子的方式也发生了很大的变化。

教育不是经验的传达，而是和孩子一起探索、学习、互通有无。子女教育，有时要针对具体情况具体分析。因此，父母要时刻关注孩子的成长阶段、发展状态，并保持高度的警觉。同样的方法，环境变了，孩子的年龄和心理变了，也会有不一样的效果，有时甚至可能起到反效果。再有意义的故事，也要挑合适的时机去讲。

记得有个孩子跟随爸爸去美国读书，孩子第一天上学时，爸爸让他穿白衬衫和西裤。周围的同学都是美国人，爸爸担心孩子在他们面前没有信心，所以要他穿得干净、有品位。想法是没错，但当时却起了相反的作用。由于这样的着装太拘束，孩子在体育课上运动的时候无法自由玩耍，也就没办法跟其他同学融入到一起。本来爸爸是希望通过着装拉近孩子和其他同学的距离，结果却南辕北辙。后来总结教训，发现着装要根据具体的情况和场合来选择。在美国生活久了，爸爸渐渐感受到，事实上美国高度崇尚自由性和创造性，有点不拘一格的意味，而爸爸当年的那种思想很多时候是不适合的。这种文化氛围的差异，也包括教育孩子。

再用心的父母，也没法保证任何时候都能正确判断。何况我们现在的父母，遇到的问题更多更复杂。

父母需要反思的另外一个问题是，不能太看重自己作为长辈的角色。为什么这么说呢？长辈意味着权威和经验，意味着要让别人听自己的。但事实上，在急速变化的多元文化中，这种经验是靠不住的。不把自己当长辈，而是跟孩子一起探索、学习、互通有无，这种做法让父母在孩子的教育和沟通上变得更加自由和开明了。

一定要丢弃要求孩子“这么做，那么做”的固有观念，不要用自己的经验来要求现在的孩子，同时也要丢弃把孩子赶向特定的方向的强迫观念。

还是那句话，子女教育没有标准答案，每个孩子都很特别，都需要我们去特别对待。下次在你要求孩子做什么之前，先问问自己，为什么要这么做？我想通过这么做达到什么目的？有没有更好的方式？明确了这些，教育孩子的方法就会清晰起来。

第五节　以终为始，放掉得失之心

教育孩子勿“患得患失”

育儿智思：父母的心态能在很大程度上影响孩子，当父母一心期望孩子能表现优秀，为父母争光的时候，孩子就背负了很大的压力，这种压力如果超出了孩子能承载的限度，就会让孩子的成长受到影响。如果父母能放松心态，不苛求孩子优异，孩子也许会给父母带来奇迹。

小曹宇天生好动，为了能让他安安静静地坐下来，能集中精力做完一件事，爸爸送他参加围棋学习。没想到的是，他对围棋居然很快就入迷了，并且悟性还不错，在几十个孩子中间总能很快领悟老师讲授的内容。本来，爸爸对围棋一点兴趣都没有的，但是家长可以去陪读，于是就跟着曹宇去听课，哪知几节课听下来，爸爸发现围棋真的是一门非常诱人、非常有趣的活动，感觉对开发小孩的空间想象力会有很大的益处。

原本，爸爸自认为是一个没有多少得失心的人，可是，看到儿子在围棋班的表现，居然也会有那种沾沾自喜的心态，心想：“我儿子就是比其他的孩子强。”自然而然，爸爸就开始关注起儿子上课时的一举一动，对他学围棋的过程中的各种不良表现也开始了横挑眉毛竖挑眼，恨不得明天他就能成为一名围棋天才，风光无限，从此为家里光宗耀祖，也慢慢忘却了我送他学围棋的初衷。

曹宇在爸爸的高压政策下开始发挥不稳定，特别是那种想赢怕输的心态让他在下棋的过程中屡屡出现失误。终于有一天，他连输两局，让爸爸惊动了，找到他的辅导老师，可老师说小孩子在现阶段输赢属于正常现象，毕竟在他们的头脑中还没有能连续算棋的能力，关键是做家长的，不能以输赢的眼光来要求孩子如何如何。

爸爸后来静下心来仔细思考他送曹宇学围棋的初衷，开始只是想让他能坐得住，能集中精力做一件事而已啊，再看看现在的自己做父亲的那种望子成龙的扭曲了的心态，爸爸被惊醒了。在几岁孩子的心里，下棋所带来的快乐才是他最需要的，而不是今天赢了多少明天得了几分。

从那以后，爸爸开始不讲儿子下棋过程中任何不对的地方，只对他提出几点要求，如下棋时走自己会的，走老师教过的，尽量减少因粗心带来的失误。然后，爸爸到一边去和其他小孩的家长侃大山，尽量远离儿子的视线，让他自由地发挥。

在接下来的两月里，曹宇的围棋进步很快，悟性也高，最终拿到了比赛的大奖。但曹宇获得的成绩并没有让爸爸表现出多大的惊喜，爸爸表现得很平静，鼓励曹宇，继续努力。

在孩子的成长过程中，做父母的不能在孩子面前表现出患得患失的心态，这对孩子的影响是非常大的。即使孩子表现不好，也不要妄加指责，打击孩子的自信心。如果孩子表现很优异，也不用喜形于色，要一如既往地鼓励支持他们，让他们保持童年的天真，率性而为的童趣。督促孩子养成良好的习惯，保持良好的心态，迈向属于自己的天地。

父母心态决定育儿质量

观点碰撞： 孩子本身具有很强烈的学习欲望，他们渴望认识世界，用自己的行为支配身边的世界。学习的过程对孩子而言本身也是一种乐趣，如果父母对孩子要求过高、急于求成，孩子不能按时完成父母规定的任务，他们就体会不到学习的乐趣，失去学习的热情。过犹不及，父母一定要克服求急心理，引导孩子健康成长。

望子成龙，望女成凤，是普天之下所有父母共同的心愿。可是在生活中，我们往往会见到一些与父母美好初衷相违背的不和谐现象：父母在工作之余兴致勃勃地教孩子识字、画画，孩子却心不在焉，一心想着和小伙伴玩耍；父母省吃俭用为孩子购置钢琴，请名师辅导孩子，孩子却恨不得把钢琴砸个粉碎；父母挖空心思把孩子送进重点小学，孩子却旷课去街头闲逛。

当上述不和谐现象发生时，父母往往喜欢从孩子身上找原因，殊不知它们多半是父母没有调整好自己心态的结果。父母有个好心态，孩子才有个健康成长的良好环境。

不少父母的童年因为这样那样的原因留下了一些遗憾，这些遗憾始终弥漫在他们的心头。待到做了父母，家庭条件允许后，就想让自己没有实现的愿望在孩子身上得到补偿。父母渴望孩子出人头地的初衷本也无可厚非，可孩子才是他自己的主人，不是父母遗憾的补偿品，他有权利选择自己将来做什么。抱一颗平常之心，才能为孩子的成长营造良好环境。

现代家庭一般只有一个孩子，多数父母对孩子呵护备至，溺爱有加，什么都担心，什么都不放心，于是，什么都为孩子着想，什么都代替孩子去做，结果培养出了一大批自理能力差、承受能力弱的孩子。孩子本身具有很大的可塑性和能动性，很多事情不需要父母代劳也可以做好。什么都替孩子去做，只能让孩子变得依赖和软弱，并失去锻炼和学习的机会。要想孩子学会自理，更好地适应社会生活，父母必须克服这种代替心理，让孩子学着管好自己，自强自立。

现代家长对孩子的期望值大多偏高，在对孩子寄予无限希望的同时，不少父母会不由自主地产生一种和别人攀比的虚荣心理。他们喜欢谈论彼此的孩子，炫耀孩子的学习与特长，有时甚至会拿自己孩子的短处与别的孩子的长处进行比较。这些父母对孩子的教育往往过于严格，要求孩子学习优秀，特长突出，表面看起来，他们是在为孩子考虑，其实是不自觉地把对孩子教育的责任心转化成了满足自己面子的虚荣心，这对孩子来说是不公平的。每个孩子都有他自身的特点，家长所要求的，不一定是他擅长或感兴趣的，这样就会导致父母和孩子之间的隔阂，影响亲子感情，伤害孩子的自尊，甚至打击孩子学习的积极性。

由于年龄、认知等方面的差异，家长和孩子说话、做事、思考问题的角度与方式存在很大的差异。一些孩子的行动方式明明是符合其心智年龄的，可是用成人的眼光去看就很难被接受，因为它们不符合父母为孩子设计的模式。

有个男孩子很调皮，十分贪玩，父亲认为孩子得了多动症，把他带到医院检查，专家检查之后，发现孩子完全正常，只是生性比较活泼。然而，父亲却坚持自己的意见，因为他觉得孩子的很多行为都不太正常，最后，专家只好告诉孩子说："你没有病，有病的是你的爸爸。"这个父亲就是没有学会换位思考，所以把正常行为看成了反常心理，如果他能够换个身份，从孩子的角度看待孩子的言行，一切问题就会迎刃而解。

· Ⅱ　夏之思：涤烦去虑，把握“质量时间” ·

“质量时间”是近年非常流行的一个新概念，是亲子之间相处的一个时间段，它也是那些没有时间和孩子常相处，忙碌而又感到内疚的父母的“万能药”。在这段时间里，父母能全身心地投入到陪伴孩子的过程中，而这段美好而珍贵的时光，也会对孩子的成长有着深远的影响。

父母要有效地利用和孩子在一起的时间，让孩子充分享受亲子相处的乐趣。一般认为和学龄前儿童在一起的质量时间就是坐下来和他们玩拼图游戏、给他们读故事书。在一个父母都有繁忙工作的家庭中，孩子缺少的不是和大人一起玩游戏的时间，而是给大人当“学徒”的时间。因为他每天9小时的时间都是在和幼儿园阿姨们玩这样那样的游戏，学这样那样的东西。他们需要的是接触外面精彩的世界，去看邮差投信，看无家可归的流浪汉，看小学生上下学，他们缺少的是和父母一起买东西，一起清洗汽车，甚至就是和疲倦的父母一起在沙发上躺着。

如果家长坐下来和3岁的孩子玩拼图，那并不是你喜欢玩，你只是作为一种责任，孩子也会感觉得到。如果让孩子跟着家长参与他们正常的活动，他才会真正感到家长是喜欢和他在一起的。这一点对于和孩子相处时间少的爸爸更加重要。“小家伙，给我擦车去！”大多数孩子听到这句话，都会兴高采烈地跟在家长后面。

不同年龄、不同性格的孩子在自我娱乐方面有很大差别，想自己玩的孩子自然就会自己玩，这不用教，但值得鼓励。为了适应孩子的自我娱乐，可以让孩子在旁边玩他的东西，而家长干家长的事。当你在厨房做饭的时候，把孩子的玩具抽屉摆在冲着厨房门的走廊上，孩子会聚精会神地用彩笔画画。还要注意不要打断孩子的自娱自乐，比如孩子的积木还剩两块就摆完的时候，你却催他去洗澡。

怎样才能使父母真正享受和孩子在一起的时光？怎样把握“质量时间”

呢？对每个父母来说这个问题恐怕有不同的答案，但如果你感到和孩子在一起不是一种享受，那么你的孩子肯定也没有从中得到快乐。不要把孩子排除在你的世界之外，再专门抽出时间走进孩子的世界。爱孩子，自然会让孩子和自己享受到“质量时间”带给双方的快乐。

第一章
少一些焦虑，多一点信任

每一个父母在养育孩子的过程中，都会有困惑，有焦虑，怕孩子太贪玩，怕孩子太调皮，怕孩子学习不好，怕孩子不爱说话……太多的怕，却又太少的信任。信任，是一副神奇的灵药，它会让贪玩的孩子变得聪明，会让调皮的孩子变得懂事，会让学习差的孩子进步飞快，也会让内向的孩子变得活泼可爱。父母信任孩子，就如同给孩子注入了强劲的动力，让孩子感受到父母对他的关爱，也会让孩子回报给父母更多的爱。

第一节　允许孩子“过度”玩耍

早教应从娱乐开始

问题直击：人们常把爱玩的孩子和爱学习的孩子作比较，并认为爱学习的孩子才是榜样，而爱玩的孩子常常让无数父母很头疼，但玩和学习乃至教育并不是截然对立的，孩子玩耍与接受教育同样重要，同时，玩也是学习，在玩的过程中，孩子也能学习到不少东西。对于孩子玩耍，我们要换一种视角来看待，你是怎么看待孩子玩耍呢？

英国儿童教育专家指出：对儿童的早期教育应从娱乐和游戏开始，儿童在入学前几年间所学的东西，比一生中任何时候都要多，学得也快，且绝大部分知识是在玩耍中学到的。玩耍同正式教育一样重要，没有机会进行各种玩耍的儿童，在感情、身体以及成年后的社交与科学研究方面的发展速度，远不如拥有这种机会的同龄者。玩耍可以帮助孩子发展想象力、创造力和自信，帮助孩子发育语言功能。在玩耍中，孩子们学会做出选择并表示他们的喜好和需求，这有利于帮助他们建立自我意识。

美国科学家进行了一项试验：让100名婴儿玩一种带有铜腿的红盒子，盒的顶部有一个直立的棍子，拨动棍子，盒子的四壁就出现图画。5年后，常玩此游戏者显示出较多的创造性和好奇心，而不常玩此玩具的男孩没有强烈的好奇心和冒险精神，不常玩此玩具的女孩则表现出一些个性问题，在适应社会方面遇到一些困难。

专家们的解释是：好玩是人的天性，在人生的最初几年间尤其如此，玩耍时孩子的大脑敏感锐度显著增强，对渗透其中的知识特别容易接受，对智能的激发作用最强，因而可收到事半功倍的效果。关于玩耍的种类和方式，可根据孩子的年龄选择或交替进行，专家们推荐如下几种：看颜色形态、听声音、尝味道等使孩子得到感官方面的锻炼，进而刺激大脑的发育。跳、蹦、追逐、打闹是对肌肉、骨骼、手眼以及四肢协调最好的运动，可促进孩子包括大脑在内的全面发育。朗读、唱歌、绕口令等既是声音的锻炼，又是语言的练习。引导孩子进行赛跑、捉迷藏等，对孩子的体格、智能与心理发育都很有意义。讲故事、猜谜语、玩智能玩具等，对智力发育的促进有着不可替代的作用。

让孩子经常接触大自然，到空旷的远郊，面对清新的绿草青枝、俊秀的山川河流，无论对身心健康还是调节情绪，都大有益处。大自然也是孩子最好的老师。有位外国的教育家也说过：“大自然是世界上最有趣的教室，它的魅力无穷无尽，然而，世界上有很多孩子却没有机会与这个大教室亲近，实在遗憾。”所以，孩子应到大自然中去寻找知识，开发智力，陶冶性情。

让孩子在玩耍中认识世界

育儿智思：孩子爱玩是天性，在玩耍中，孩子才能更加自由地开始认识世界的旅途。有些父母害怕孩子太爱玩，会变得贪玩，以至于给孩子的教育带来麻烦。其实，玩耍中，孩子自然而然地锻炼了很多方面，而如果缺少玩耍，孩子却会失去很多东西，玩耍中的世界，才是孩子眼中最真实的世界。

在玩中，让孩子专心致志很重要。孩子的注意力不集中，易受外界的影响，当孩子正在做事时，极易被更有趣的事情，比如好玩的玩具、电视上的动画片等所吸引，以至停止正在做的事情，把注意力转移到另一事物上，去玩另一个更新奇的游戏。婴幼期的孩子，心理过程的随意性很强，自我控制能力差，做事往往有头无尾。这时家长就告诉他，玩完了这个游戏再玩下一个，做事要有始有终。

如果孩子养成了好习惯，总是做完了作业后再去做别的事。那么，在孩子玩的时候，大人也尽量为孩子创造一个安静、舒适、整洁的环境，避免无关的干扰和刺激，使孩子安心做游戏。游戏做完了，就及时提醒孩子要把玩具放回到原处。我们常常看到有些家长在孩子玩耍时寓教于乐，在孩子的游戏中加入一些所谓的知识训练，实在是得不偿失。因为太小，孩子玩耍时往往是集中注意力的时候，而大人经常打扰孩子，很容易让孩子注意力分散，影响孩子玩耍的质量，久而久之极容易让孩子养成一心二用的坏习惯。有的孩子小时候很喜欢撕东西，有些父母就索性找来废旧包装纸一类的东西，和孩子一起坐在小凳子上，教孩子撕纸玩。最初是孩子只要能把纸撕碎了就行，再后来父母就教孩子把一张张纸撕成树叶、球的形状。再大一点又教孩子折纸和剪纸。在这个看似玩耍的过程中，父母可以有意识地锻炼孩子手的协调和运动能力。

玩是孩子的头等大事。在玩的过程中，孩子可以收获足以影响一生的生存和发展的知识和本领。教育专家认为，家长同孩子玩有四种境界：最低的一种是“看孩子玩”，第二种是“陪孩子玩”，第三种是“和孩子玩”，最高的境界是“让孩子在玩中学”。在放手让孩子玩的时候，家长应该给予适当的引导和点拨，让孩子在不知不觉中养成好的习惯、掌握更多的知识和本领。只是这种引导和点拨，一定要符合孩子的心理和趣味，尽可能和日常生活融为一体，不能搞强迫灌输，那样只会败坏孩子的兴致。

玩是孩子与生俱来的天性，孩子在玩中认识世界、感知世界，收获足以影响一生的知识和本领。

第二节　坦然接受孩子的不完美

换位思考，欣赏孩子的独一无二

观点碰撞：每一个孩子都有他独特的个性，也会有优点和缺点，对于父母来说，教育孩子，首先要了解自己的孩子。只有了解自己孩子的优点和缺点，才能在教育孩子的过程中，扬长避短，使优点得到强化，使缺点得以纠正。而不管孩子有多少优点，或者有多少缺点，这都是孩子的“原生态”，接纳自己的孩子，也许没有那么优秀，也许比父母想得还优秀。

皮特真的是个很酷的男孩子，他天生很有趣，活跃、精力旺盛，他夸张的笑容和特有的个性能让整个房间都充满活力。他喜欢音乐，在学校的两个乐队里演奏，同时，他自己的朋克摇滚乐队大约每月在当地演奏一次。音乐是他的激情所在。他的父亲杰森是个保守又严厉的律师，有一段时间很难理解他的儿子，他们的个性完全不同，杰森不能理解为什么皮特不能做到更整洁、更准时、做事更有条理性。

很显然，杰森认为皮特表现不够好，不能达到他的期望。他每次这样想的时候，皮特就会更往后退缩，也更为自己暗淡的前途担忧，后来干脆一言不发。杰森和皮特的交流彻底断绝，这其中的部分原因是杰森从来没有认识到皮特其实拼命地想要达到父亲的期望，却又担心自己永远也达不到。杰森没有意识到男孩子的内心有一种强烈的意愿，他们不希望自己辜负别人对他们的期望，特别是当这些期望是来自于他们的父亲或者其他男性的时候。皮特每次在被一些事情所困扰，或者最终没有达到理想效果的时候，杰森会这样说：“你总是这样！你为什么就学不会？”他这样说会让皮特的感觉更差。抛开他们个性的差异，以及皮特外表上的冷淡，他其实希望自己的努力和强项得到认可，而杰森看到皮特根本不在意的样子，就变得对儿子更加失望。

可在现实中，问题就不那么简单了。父母要正确地分析了解孩子的优点和缺点，发现优点和发现缺点同样重要，片面地强调其中任一方面都不可取：只看到优点就是溺爱，只强调缺点则会打击孩子的自信心。除非是一些特殊情况，比如说孩子性格比较懦弱，缺乏自信，那就要多鼓励他，多说他的优点；如果孩子过分以自我为中心，那就要适当地敲打他。无论如何，前提都是父母一定要心中有数，知道自己在干什么，想达到什么样的目的。

很多时候，优点和缺点相随相伴，就像一枚硬币的两个面，很难简单地分割开来。而且，每个人都有自己的价值取向和评判标准，在你眼里是缺点，在别人眼里就有可能是优点。有些你今天看起来很不顺眼的枝杈，说不定正是孩子身上很宝贵的特质呢。

父母要明白，随着年龄的增长，孩子作为一个独立个体的特性日益显著，他将成为一个世界上独一无二的个体，父母也不可能完全按照自己的标准“修剪”、塑造他。家长们自身的成长经历其实也说明了这一点，想想我们当年，是不是也经常对抗父母对我们的打造，顽强地按照自己的意愿发展、成长呢？

对孩子的优缺点要一分为二

育儿智思：家长都疼爱自己的孩子，可未必都真正分析过孩子的方方面面，正确处理优点和缺点之间的关系。每个人都有优点和缺点，对于有的家长来说，孩子都是自己的好，疼爱变成了溺爱，孩子怎么样都是好的。还有的家长对孩子比较挑剔，总希望孩子把缺点都改正掉，经常挑孩子的毛病，指责孩子这个不对那个不好。

有个小女孩叫燕燕，从小性格就很活泼，外向，不怯生，几乎所有的朋友见了她都会对她父母说：“你女儿真可爱，很阳光。”听着这样的赞扬，燕燕的父母的心里当然美滋滋的，也很乐于带着她出去参加各种活动。而且，她父母比较信奉“表扬教育法”，对孩子鼓励、表扬得多，很少进行过于严肃的批评。慢慢地，燕燕的优点变成了她妈妈以及一部分人眼中的缺点：像男孩子一样淘气好动，什么事情都敢于发表意见，勇于表现，特别是有一段时间话多，有些啰唆，等等。有时候，燕燕说得她妈妈都不耐烦了，让她“歇会儿”；还有的时候，燕燕晚上做题、看书或者玩兴奋了，迟迟睡不着觉，她妈妈也嫌她吵闹……但燕燕爸爸并不一味地包庇女儿，他的教育理念和燕燕的妈妈在许多地方有分歧，针对一些问题，燕燕的爸爸和妈妈进行了沟通。爸爸认为，孩子不是在电脑里设计的产品，把父母的优点都选择好了，缺点都删掉了，然后复制。孩子的基因里，先天就注定了要有所谓的缺点，优点、缺点的组合，才构成了一个完整、真实的孩子，她不可能完美。父母可以努力让孩子更好、更优秀，但不能太过挑剔。燕燕的妈妈也认同了燕燕爸爸的看法。

在孩子身上，有些所谓的优点、缺点很难有统一合适的标准，而且又是相辅相成的，不能只接受、欣赏一个方面，而极端排斥另一个方面。比如说燕燕的活泼外向，开朗大方，这是她的天性，也是父母喜欢的优点，可有的父母就不喜欢女孩这个样子，认为传统意义上的女孩应该文文静静，那么这是优点还是缺点？活泼是否就是好动？开朗是否就是话比较多？什么是合适的尺度？这个年龄段的孩子是不能理解和把握其中的分寸。

孩子是一个完整的个体，父母不能把她割裂开来，应该多帮助孩子改正，严格要求，而另外一些并非原则性的问题，父母可以提醒孩子注意，不一定非要苛刻地矫正他们。相信随着孩子的成长，有些问题自然而然地就解决了，这是成长必经的过程。

第三节 信任是一剂神奇的“灵药”

你是信任孩子的父母吗？

问题直击：信任孩子，难还是易？说起来容易，做起来却很难。父母信任孩子，首先是信任自己，相信自己会是个好爸爸、好妈妈，然后才是相信孩子，相信孩子会健康自然地成长，相信孩子会按照他自己的生长规律长大成人的。信任孩子的父母，是轻松的父母，也是智慧的父母。你是信任自己和信任孩子的父母吗？

一位妈妈很仔细地看着躺在摇篮里的孩子，一会儿拉着孩子的胳膊，一会儿拉着孩子的腿，又盯着皮肤看了半天，然后打电话给教育专家：“请问是某某专家吗？我发现我孩子的胳膊有点短，腿有点长，比例不太对劲儿，胳膊和腿的比例到底是多少才是正确的？”放下电话，妈妈又细细地观察孩子，然后拿起电话又问：“请问是新生儿咨询中心吗？我发现我家孩子的眼仁和皮肤有点黄，是不是有黄疸？哦，两个月后不太容易出现黄疸啊！可我一会儿看皮肤黄一点，一会儿看又不太黄。”一通折腾后这位妈妈又忙着上网查促进孩子智力发育的物品有哪些……结果妈妈累得疲惫不堪，觉得养个孩子怎么这么累啊！

再看一个信任儿童的例子。

同样大的孩子，同样年轻的妈妈，孩子在摇篮里啃自己的物品，妈妈一面哼着歌，一面像跳舞一样优美地抖开刚洗过的尿布，把尿布抻平晾在衣竿上，然后坐在摇篮边，边哼着歌边做手工。孩子哭了，妈妈微笑着把孩子抱起来喂奶，喂完奶，把孩子抱在怀里跳舞，等孩子平静下来，快乐地转一个圈，再把孩子放在摇篮里。等孩子睡了，妈妈继续唱着歌走向厨房，哼着歌切菜做饭，轻快地打扫屋子，一直都很快乐。爸爸回来了，妈妈撒着娇迎上前，端着饭菜讲述今天孩子的行为……

从前后两个例子我们可以看出来，信任孩子的家长会很放松很快乐，而不信任孩子的家长很紧张，焦虑，忙碌，疲惫不堪。相信孩子，就应该相信孩子是在按照自己本能的发展机制在发展自己，家长们大可不必过分担心。

信任让孩子茁壮成长

育儿智思：对一个孩子的信任，跟相信一个桃核只要给它水分，一定会长出一棵桃树，一定会开出桃花，结出桃子一样，相信的是一种生命状态，是大自然。我们只要相信孩子是一颗种子，相信孩子一定会按照一定的自然机制去发展。

相信自己的孩子，父母就不会把自己的焦虑传导给孩子，就会让孩子去发展自己。如果我们不相信孩子会长成一个成人，我们就会用我们能想到的所有的方法去扭曲儿童，最终破坏他们的自然发展机制，使他们受到身心的伤害，为他们一生带来痛苦。

所谓父母的不良影响是什么？就是按照父母自己的观念养育孩子，要孩子走父母认为他们应当走的路。这听起来好像没什么错，毕竟哪个父母不想把最好的给自己的孩子？我们希望孩子自信，有抱负，有才能。我们希望我们的孩子感觉到被爱，被关怀，有价值，我们何曾想打击他们、溺爱他们？

作为家长，我们需要了解如何调整教养方法以适应孩子的个性需求。一方面，父母要在孩子成长的过程中塑造他们的个性；另一方面，也要提供孩子成长所需的家居环境，使孩子的天性得到伸展。

为孩子创造了什么样的环境，孩子就会发展为什么样的人。我们首先得相信孩子的特质，然后才能够不断地为孩子付出，等待着孩子长大。有一种蜘蛛，母蜘蛛将卵生在另一种虫子的身体里，小蜘蛛出生后就开始吃这个虫子的身体，当把虫子吃完后，小蜘蛛就可以离开虫子的身体，自己去寻找食物了。这种蜘蛛世世代代都是这样，在大自然的进化中获得了这样的生存模式，人们管这种情况叫自然赋予。有了这样的完善模式，就能保证小蜘蛛活下来，使这类蜘蛛物种不至于完全消亡。任何一种生命体都会有这样一个与自己的生命状态相适应的生存模式。

孩子也是这样，每一个孩子都会出生在一个家庭里，无论这个家是贫穷还是富裕，它的基本功能是一样的。孩子在这样的家里成长，有着自然所赋予的意义。他们出生后由于生命的力量和身体的渺小，不适合拥有一个广阔的世界去进行探索，所以大自然的发展模式使一个孩子一定出生在家庭中，这个家是用来遮挡风雨的，在正常条件下可以保证家庭成员的安全。家庭成员是互相友爱的，信任就是家庭中父母能给予的精神滋养，在这种滋养下，孩子能够健康自然而又自由地成长。

第四节　原谅孩子的过失，做“够好的”父母

宽容的父母暖儿心

观点碰撞：孩子犯错是很正常的。面对孩子的错误，如果父母不注意教育方式，不分青红皂白地批评、责骂、惩罚，不但不能让孩子改正错误，相反会使孩子形成胆怯、退缩或者是叛逆、攻击等不良心理。所以，包容孩子的过失，以平静的心态对待孩子的过失，才是最好的教育方法。

实际上，父母也想包容孩子的过失，但有时就是控制不了自己，不知道该怎么做。那么，不妨从以下几方面入手：

体谅孩子，在生活中，有时父母也会出现这样那样的过失，更何况是不谙世事的孩子。因此，面对孩子的过失，父母要学会制怒，以一颗平常心来对待，把它看作是正常现象，是孩子成长中不可避免的。父母要心平气和地给孩子讲道理，帮助孩子分析过失所在，并指出改正的办法。如果父母能包容孩子的过失，那么孩子也会学会包容他人，这是一种多么可贵的品质啊。如果对孩子暴打一顿，也不可能起到教育孩子的目的，相反有可能让孩子从父母那里学会了用“武力”解决问题。

有的父母性子特别急，当孩子犯错时，不给孩子解释的时间和机会，先打骂一顿再说。其实父母的这种做法是很自私的，打骂孩子仅仅是为了发泄自己的怒气，缓解自己的情绪，丝毫起不到教育的目的。有时孩子犯错并不是出于本意，而是想帮助父母做点事，只是由于自己的经验和能力不够才犯错的。比如有些孩子本想帮父母洗碗，却不小心把碗打碎了。如果父母不听孩子解释而打了孩子，其结果是打击了孩子的积极性，以后孩子再也不会帮父母干

活了。

有时孩子无意犯了错，还没等父母批评教育，自己已经开始后悔、反思并自我教育了。因此，当孩子犯错时，父母可以引导孩子自己寻找原因并加以改正，这样孩子对自己所犯的错会有更深刻的认识，改正过失的自觉性也会更高，以后就会少犯或不犯同类的错。

总之，孩子的心异常娇嫩，像一株刚露头的嫩芽，一朵初绽放的花蕾，要求父母加倍的呵护。父母们常说：人非圣贤，孰能无过？浪子回头金不换，有错能改就是好人……尤其当面临的是不懂事的孩子，只要父母们用一颗博爱宽恕的心去包容他们的过失，用更恰当的方式去处理问题，正确地引导他们的人生方向，那么他们就会踏入健康成长的光明大道上来。

原谅孩子就是善待自己

育儿智思：下面的这个故事，讲的就是生活中经常可以看到的一个场景。故事中的王师傅，从儿子身上看到了自己教育留下的影子，也在这种“反射”中看到了真实的自己。他后来终于懂得了宽容的真正含义，也学会了原谅孩子和善待自己。家长朋友们，你们有什么启示呢？

王师傅家里饮水机里的水喝完了，要买一桶新的。王师傅把电源线拔掉，抱着它去了厨房，在水池里好好洗了一下。第二天，有了新的一桶纯净水。他儿子要喝热的，于是王师傅接通电源，结果红灯不亮，表明电源不通。他儿子很生气，对王师傅抱怨说：“都是你，没事洗它干吗？”王师傅说：“可能电源接触不好。”他儿子还在不停地唠叨，埋怨王师傅。最后对王师傅说：“我对你的声音有生理反应，一听你说话就想吐。”王师傅脸涨得通红，心里的愤怒往上涌。儿子的话，让他觉得实在难以接受。于是王师傅皱着眉，闭上嘴，干脆一言不发。后来用炉灶烧水，总算让儿子喝上了热水。他儿子神情这才有所缓和，对王师傅说：“你也喝一点吧。”王师傅不语，心里还是很郁闷。

但他猛然意识到：“家长是孩子的一面镜子。反省自己，以往对儿子犯的小过失不是也这样无休无止地唠叨吗？不听儿子的解释，非得自己说个痛快，过瘾了才罢休。其实不过是儿子的无心之失，我却小题大做，甚至借题发挥。以前的陈芝麻烂谷子，全都抖搂出来。这让儿子能不心烦吗？原来，不经意间，儿子也学会了患得患失，也染上了唠叨症。因为我没有原谅儿子的小过失。所以儿子也就不肯原谅我的小过失。”

原谅孩子的小过失，就是对孩子最大的善待。人生于世，谁能无过？孩子本身就是在生活中不断成长的小树，需要父母精心的呵护和帮助，才能长成参天大树。孩子也会犯错，但孩子犯错，父母也有很大责任，父母作为孩子最亲密的人，其言行都会影响到孩子的行为。如果说是孩子的过失让父母生气，不如说是父母教育上的不足让父母们自己也感到生气。对孩子宽容，因为孩子犯错了还可以改正过来，而如何改正就是父母的责任了。

原来，原谅孩子就是善待自己。家庭氛围的美好，取决于每一位家庭成员的包容心的大小。包容所有，每个人都很快乐。作为家长，不苛求孩子不犯任何一点小过失，是对孩子最大的善待。家长也不是完人，家长也会有过失。因此，原谅孩子的小过失，就是正视现实，就是承认自己也不完美，就是真正地善待孩子，同时善待自己。

第五节　保持二十码的距离

给孩子空间，让孩子独立

问题直击： 父母与孩子保持距离，最终的目的是为了培养孩子的独立性，这种独立性对孩子的一生都有深远的影响。舍得放开孩子的手，敢于看孩子自己独立起来，是需要父母学习的，因为不是每个父母都会在自己和孩子之间，保持那“二十码”的距离。如何培养孩子的独立性，是每个和孩子保持距离的父母最关心的问题。

美国教育有一个“二十码法则”，尊重孩子的独立倾向，与其至少保持二十码的距离；这个“二十码”是个象征，说明美国人注重从小培养孩子的独立性，给孩子留出心理空间。家长要在二十码之外注视着孩子。美国对于“尊重孩子”看得多么重，由此可见一斑。

家长不必处处围着孩子转，你觉得是关心照顾他们，孩子们却觉得家长控制得太严。也应允许孩子保有自己的隐私，有自己的主动权和决定权。当然，家长还是要在二十码之外注视着的，必要的时候也要给予孩子帮助和指导。

每个人都是独立的个体，都渴望独立，而且也应该、必须独立。从婴儿到成人其实就是孩子不断要求独立、追求独立、实现独立的过程。因为孩子在成长中不断学会吃东西、走路、跑步，这些事情任何人都不能代替孩子完成，都必须由孩子独立去做，同时这些又都是人的本能，为独立打下基础。父母就应顺着这个自然规律，和孩子保持一定的距离，让孩子去独立成长，不要因为怕孩子遭受挫折而破坏这条规律。

怎样来培养孩子的独立性呢？

首先，不做孩子能做的任何事情。许多父母都知道这个理，但要真正付诸于实践还真有点困难。父母往往抵制不住孩子的哭闹和委屈的眼神而不得不向孩子妥协。

其次，要放开孩子的手。孩子迟早会长大，迟早要独立生活。与其让孩子长大后因缺乏独立能力而处处受挫，还不如从小就让他学会独立。

虽然是父母生了孩子，可以说孩子是父母的一部分，但孩子又是独立的个体。父母要尊重孩子的这一属性，因为孩子最终都要离开父母独立生活，父母的责任是趁孩子未离开你独立生活之前让孩子学会独立生活，和孩子保持一定的距离以便让孩子有充足的时间和空间来做好独立生活的准备，到时候就能从容地离开父母在广阔的生活天空中展翅翱翔。您愿意以欣慰、赞许的心情看着孩子驰骋，还是以不安、担心的心情看孩子蹒跚呢？

距离产生“深感情”

问题直击：现在，父母的文化素质高了，家教知识也懂得多了，懂得了沟通的重要性。然而父母与孩子走得太近，关系过密，彼此就没有了尊重，孩子没有了自己的私人空间，孩子也不听管教。父母还是需要和孩子保持一定的距离。父母和孩子，距离太远，亲子感情也淡了，对双方都不好，彼此之间，有了距离，对孩子的成长也是有好处的。

首先，管教孩子时没有距离，容易失去尊重。生活中很多人往往犯这样的毛病，对同事，客气礼貌，还要面带笑容；而对家人，客气话和礼貌都省了，有时会把尊重也省了。说着说着不高兴了，就开始由着自己的性子把对方当情绪垃圾桶，无所顾忌地发泄一番。如果对孩子也这样，那孩子就惨了。很多父母在单位遇到不顺心的事，回来看到孩子手中的成绩单，或接到老师的告状电话，那心中的火药一点就着，训骂、暴打、羞辱，无所不用其极。为什么会出现这样的现象呢？因为孩子是自家人，不但是自家人，而且还是自己的私有财产，自己生的嘛！不但是私有财产，而且还是处于劣势地位的被管教者。孩子的自尊心受损，得不到应有的尊重。

其次，与孩子说话没有距离，显得没轻没重。因为孩子是自己的，所以怎么说都可以。比如批评、责骂孩子的话，中国父母的创造性可以发挥得淋漓尽致。“笨蛋”“没出息”“考不上大学去扫厕所”“老子怎么生了你这个浑球”“一看就不是学习的料”，与其说成是“恨铁不成钢”心理的语言反射，不如说是通过骂孩子来消解怨气。

再者，与孩子相处没有距离，孩子不服管教。民主的家庭会与孩子做好朋友，平等交流，做做游戏，甚至打打闹闹。但是父母在当“朋友”这一角色时，也不能忘记自己还有“成人”这一角色。太过于随便，与孩子之间没有了一点距离，孩子也会变得任性。不是说不能与孩子做朋友，而是要及时转换角色，该威严时要威严，该坚守时坚守。如果本身是孩子不对，孩子又不听教导，耍脾气，这时，最好的办法，就是想方法制造离开孩子的机会。孩子毕竟是孩子，在感情上是离不开父母的。

父母为了了解孩子的一切，最容易做的事就是翻孩子的日记本，监听孩子的电话。虽然出于好意，但特别容易引起孩子的反感，其实，有些小事不必了解这么细，只要能把握教育的大方向就行。作家毕淑敏说，友情的树上只有一颗果子——信任。如果把孩子当成朋友，就得充分地信任他。如果父母的行为让孩子窒息，连心灵都找不到透气的窗口，连自己一方心灵自留地都被占领，那么孩子就把你当作不可信赖的“敌人”了，有意要与你拉开距离了。有句话叫“距离产生美”，与孩子保持距离，也是给孩子尊重与信任的表现。

第二章

“另类”一点，做个“潮”家长

家家有本“育儿经”，对此，父母们不必四处张望，想要获得养育杰出孩子的“真经”，因为适合自己和孩子的方法才是最好的。家长们不妨大胆一点，另类一点，不走寻常路，敢于对孩子放手，给孩子独处的时间和空间，其实，这才是让孩子自由成长最好的办法。没有了父母的牵绊和控制，孩子可以遵循自身规律，健康茁壮地成长。当父母放心和孩子玩耍的时候，当父母没有了严格的“育儿经”的限制的时候，父母和孩子之间的距离就近了。

第一节　欣赏孩子的“不轨”之举

林间幼儿园的魅力之处

观点碰撞：父母有时候并不了解自己的孩子，当孩子一身泥巴回到家，虽然孩子脸上满是笑容，玩得很开心，但父母并没有看到，只会盯着孩子一身的泥巴来指责教育孩子，不要把自己弄脏了。身上弄脏了可以洗干净，如果失去了快乐却再也不会找回来。

“英国庭院”是慕尼黑的一个自然公园。不久前，这里被开辟为慕尼黑的“林间幼儿园”，院内有成片的白桦林和灌木丛，草坪和清澈的溪流。这个幼儿园的孩子每天上午九点到这里集合，然后就分成几个小组，进行自由活动，有的堆沙子做游戏，有的爬树，有的观察蚂蚁和蜗牛，也有的在林间赛跑。午饭时，大家席地而坐，摆上老师准备的食物，就像在郊外野餐一样大家享用自己亲手做的午餐。首创这个“林间幼儿园”的赫本对这个幼儿园未来的发展前景充满信心。她说，孩子在林子里跑来跑去，非常开心。在这个公园里，孩子们可以尽情地玩耍，也可以用树枝、沙子、石头搭建模型或者小城堡和草房子，这样既提高了他们的运动能力，也激发了他们的创造力。没有过多的管束，孩子们也不存在心理压抑，所以都很健康，很少生病，也很少吵架和打斗。这所“林间幼儿园”的特点就是，里面的孩子很开心，而且很健康。

在这个幼儿园里，孩子们可以尽情玩耍，不在乎身上一身泥巴，或者不小心在林子里擦破了皮。这样的教育模式正是“放养”教育所强调的，让孩子遵循自身规律，自由地成长和发展。在这样一个自然环境中，孩子不必受室内环境的制约和影响，可以自由自在地运用自己的四肢和大脑，也让自己的生理和心理都得到最完善的成长。

但这个幼儿园并非大家都欢迎，也有的家长对此并不支持，认为孩子在这样的环境中，很容易受到伤害，而且每天回家都是一身脏，对孩子的健康不利。这些父母无法放心地把孩子送到这样的幼儿园。而那些敢于把孩子送到“林间幼儿园”的父母，则忽视了这些顾虑，他们认为，孩子在自然的场所尽情地玩耍，才是最符合教育的行为。这些父母支持甚至欣赏孩子在“林间幼儿园”的活动，即使有些行为看起来是“不轨之举”，他们也能放心让孩子享受这样一处自然的绝佳教育场所。

顽皮的孩子也能干

育儿智思：顽皮的孩子并不是不听话，只是对周围的事物充满了强烈的好奇心，就连擦桌子、摆拖鞋，他都会认为是件好玩的事情。因此，作为一名优秀的父母，要深刻地把握孩子的心理特征，对于个别性格独特、鲜明的孩子更要重视！转换思维，用与众不同的教育方法，也会让顽皮的孩子变得伶俐、聪明又能干。

许多父母总喜欢用“调皮”来概括孩子，调皮的孩子究竟好不好？

其实，好动是孩子生理、心理发展的特点。因为幼儿期，孩子骨骼发育比较柔软，肌肉比较柔嫩，收缩力差，容易疲劳，难以长时间保持一种姿势。由于孩子各个运动器官迅速发展，大脑皮质容易兴奋，抑制能力也差，所以孩子很容易激动，不易控制自己的行动和感情。另外，随着孩子神经系统的迅速发展，体力和智力的增强，产生了模仿大人的各种活动的兴趣。这些生理和心理上的发展特点，在有些孩子身上表现得很明显，这就是“调皮”的孩子。

孩子的调皮，要理性看待。调皮的孩子往往是身体、智力发展比较好的孩子，就是有时候也会过头一点。父母不要随便指责，不要因孩子好动而惹出了“乱子”，就把孩子管得死死的，甚至用大人的行动模式去限制孩子的活动，用大人的心理去束缚孩子的心灵。这样做的结果，必然会挫伤孩子活动的主动性和创造性，既不利于孩子身体的成长，也不利于孩子性格和智力的健康形成和发展。

同样，对孩子来说，好动不仅对孩子身体有益，而且对发展孩子的智力也有好处。所以好动的孩子，调皮的孩子往往比较聪明就是这个道理。父母和老师应根据孩子的兴趣，支持和引导孩子的活动。如教孩子看看图画书，搭积木，开小汽车，折折纸玩具，玩玩小球，跳跳绳，踢毽子，浇浇花草，适当地到外面跑跑玩玩，并有意识地教孩子从事一些力所能及的劳动等等。

若孩子出现一些破坏性或不安全、不卫生的活动，父母应该细心地说服和引导，使孩子懂得为什么不能这样做？怎样做才对？这样，不仅指导了孩子的正确活动，也增长了孩子的知识，丰富了孩子的生活经验。从小培养孩子要爱玩会玩的习惯，对孩子的成长有帮助。在安排孩子活动时，要引导和安排孩子适当地休息，要动静交替，不要使孩子过度疲劳和兴奋，以免影响身心健康成长。

第二节　放心跟孩子“闲混”

“虚度光阴”不是坏事

问题直击：在现代社会，孩子们的日常生活被安排得满满当当已经是大人们习以为常的事，甚至如果一天不安排自己孩子的活动，父母们就会感到不自在，如果自己的孩子整天无所事事“虚度光阴”，父母们简直会受不了。但孩子们真的需要那么多活动吗？孩子“虚度光阴”是一种罪恶吗？

英国心理专家指出，对孩子们来说，“虚度光阴”也是一种休息和能量储备，反而是大人对孩子的过多安排会扼杀孩子的独立性和创造力。专家呼吁，应该允许孩子在一定程度上“虚度光阴”。在德国，孩子可以在童年时期“疯狂”玩耍。我们做父母的，可以尝试带孩子去一些“冒险乐园”游玩，选择适合他们年龄的活动，让他们玩得开心，尽兴而归。

0~3岁，孩子还是幼儿，无法自由行动，这是父母安排期。英国有个大学教授，在过去15年里，他一直在研究“建构式游戏”行为，即父母或家长对孩子的游戏和生活的指导行为及其影响。这位大学教授在研究中说，“孩子天生具有游戏和探索的天性，在3岁之前，这种行为一般在父母的指导下进行，可以帮助孩子发掘兴趣，帮助他们学会语言。玩耍，不是浪费时间，反而会帮助孩子更好地学会语言。”

3岁以后，孩子可以说话，也可以自由行动了，有了一定的自理能力。也是3岁以后，孩子就会开始对社会活动感兴趣。在正常的情况下，如果孩子们发现他们感兴趣的事情，或希望融入孩子间的社交活动，他们就不会感到无聊，除非他们发现没有玩伴或活动的限制太多。在这个时期，孩子会对外面的世界产生浓厚的兴趣，也会缠着大人问这问那。玩耍，更是孩子生活中重要的活动，甚至是最重要的活动。

五六岁更是孩子们自主社交的关键时期。在这个年龄阶段，孩子们不喜欢过多和父母或兄弟姐妹们待在一起，而更喜欢和其他同龄的孩子玩耍。孩子也会在这个时期，爱“胡作非为”，也爱自己待在某个地方发呆，让你不知道他在想什么。这时候，那些喜欢分秒看着自己孩子的父母要注意了，不能时刻充当“卫星定位仪”，监控孩子。

对孩子们来说，“虚度光阴”是一种休息和能量储备，反而是大人对孩子的过多安排会扼杀孩子的独立性和创造力。让孩子们尽情地沉浸在自己的世界中吧，想干什么都是自由的，不一定要听从父母的安排，让孩子自由地成长，是对孩子最大的关爱。

陪玩也要讲技巧

育儿智思： 父母花时间陪伴在孩子身边，对孩子的成长有着极大的益处。但是陪伴，不是“看护”孩子，也不是“敷衍”孩子，陪伴也要讲技巧，讲艺术。而玩耍也一样，当父母和孩子在一起玩耍的时候，也要注意一些技巧，让孩子和父母在一起的时间里，玩得更开心、更幸福。

当父母在陪伴孩子玩耍的时候，下面的一些技巧也许可以让亲子之间变得更融洽、更亲密。

表达对游戏的兴趣： 如果孩子对游戏没有兴趣，游戏当然不会好玩。孩子其实是很敏感的，如果勉强他去玩他不感兴趣的游戏，很容易玩不下去。倒不如和孩子商量着玩，玩一些大家都感兴趣的游戏。爸爸妈妈在陪孩子游戏时，要和孩子一样真诚投入、非常专心，短时间完整的注意力投入，比长时间的敷衍来得更有力量。

积极地倾听： 孩子都需要爸爸妈妈注意自己，而且越多越好。倾听会让孩子感受到你对他的关注和爱意，让他更想展现自己。孩子在游戏中所表达的可能有它潜在的含义，爸爸妈妈多花些心思去倾听孩子所说的，收获的可能是孩子想对你说却不敢或不知如何开口的心里话。在倾听中，让孩子带领你去看他所看到的世界。

多问开放性的问题：游戏是孩子的国度。进入孩子的世界，你除了多听，还应开放自己，多问多学。不要假设孩子和你有一样的想法，也不要急着先去表达自己的想法，孩子的想象力常常是我们望尘莫及的。太阳可以是绿的，云也可以是黄的，爸爸妈妈有了这样的包容力，孩子更能拥有他自己。多问问孩子在做什么，了解他的想法，否则孩子会由于你的呵斥破坏了游戏的兴致，孩子也可能会觉得很委屈，这就得不偿失了。

尝试着让孩子自己解决问题：游戏也是日常生活的缩影，孩子也会遇到问题和困难。爸爸妈妈可能会不自觉地帮他解决问题。其实游戏是孩子学习解决问题的最安全的方法。比如：当孩子搬不动整箱的积木时，可以问问孩子“怎么办呢？”多些耐心，你可能会和孩子一起享受他打开箱子，搬出积木，解决问题的得意与骄傲。

给丈夫“带坏”孩子的机会

观点碰撞：在一个家庭中，父母在教育孩子方面的形象是不一样的，母亲因为肩负照料亲人的职责，对孩子的一切会更加在意，关切之心溢于言表，而父亲，则相对内敛一些，不会像母亲一样那么在乎孩子，父亲以沉稳、严肃的形象留在孩子心中，但母亲和父亲对孩子的爱，都是一样。在家庭中，也要给父亲教育孩子的时间和空间，哪怕是和孩子“闲混”，也是很重要的教育途径。

“偶尔也要给孩子‘放暑假’，让他们有机会去过些‘不正常’的日子放松放松，享受一下只有童年才能享受得到的那种单纯快乐嘛！”在一个家庭中，父亲经常避着母亲让孩子去租看小人书，在吃饭前给孩子零食吃，放纵孩子去跟男孩玩骑马打仗，功课太多写不完时帮忙写，带孩子出去玩时把要来买正餐的钱让孩子买冰棍吃……父亲带孩子干的坏事还真多，但是孩子好像不仅没有因此学坏了，反而这些“坏了规矩的事”成为他们的孩子在回想童年往事时最温馨快乐的回忆。

不知道是否因为孩子是妈妈怀胎十月生下来之故，做妈妈的总是会为孩子多想一点、多担心一点，于是便有了许多不免失之严苛的妈妈规矩；而爸爸或许是因为不曾有妈妈和孩子“共为一体”的十月怀胎经验，因此往往就想得没那么多、考虑得没那么远，在妈妈们眼中：“好像这个孩子跟他没血缘关系似的”，较宽松甚至使之宠溺放纵的“爸爸道理”。但不论是妈妈规矩或爸爸道理，其出发点都是爱孩子，谁也没把握敢拍着胸脯作保证，说按着自己的道理去照管孩子准没错。

做妈妈的即便是再不满意爸爸“带坏孩子”，也千万不要在孩子面前批评爸爸，或跟爸爸起争执，一方面是要给爸爸“留面子”，另一方面不要去打击爸爸带孩子的乐趣与信心。一切对爸爸的不满意都留到“枕边细语”，先感谢他肯花心力时间带孩子，再谈自己对他教导孩子方式的一些疑惑，给爸爸有解释其做法的机会，也让自己可以用另一种较开阔的方式来教导孩子。

父母在教育孩子方面，应该相互合作，相互配合，妈妈一般对孩子关怀备至，什么都替孩子考虑到了，甚至生活中再琐碎的事情，妈妈也会安排得很好。爸爸在养育孩子方面会比妈妈轻松一些，但养育孩子，不仅有养，也要教育。在孩子的教育方面，父母是没有分工的，都需要共同尽力，让孩子成长为一个优秀的人。妈妈在教育孩子方面，是付出过巨大心血的，有时候，妈妈可以抽身退出一段时间，把孩子交给爸爸，即使孩子和爸爸在一起，不是在干“正事”，也不要轻易破坏爸爸和孩子相处的宝贵时光，这段时间，会让孩子从爸爸身上接受到另一种教育。给爸爸机会，也给孩子一个更完美的未来。

第三节　给孩子“无聊”的机会

给孩子“独处”的自由

育儿智思：在众星捧月似的成长环境里，不少孩子都被大人们无微不至的关怀所包围着，这种呵护有加的环境容易使孩子成为一个消极的接受者，长此以往，孩子遇到压力和困难时就不懂得应对之策，就会退缩回避。因此，在孩子成长的道路上，我们不妨“冷漠”一些，做个“粗心”的家长，有时适当地让自己“隐形”，给孩子充分的“独处”时间。

7 岁的哈尼和 6 岁的彼得，有着不同的性格和玩乐方式。哈尼身材瘦弱，见到生人就脸红；彼得身体强健，有一双乌黑的大眼睛，看上去十分机灵且招人喜欢。在公园玩的时候，哈尼总是一板一眼，跳绳就是跳的，皮球就是拍的；而彼得却像个小猴子，一会儿将跳绳绑在双杠腿上当“摇篮”，一会儿拿起皮球当“保龄球”，一会儿又将球网当成“铁丝网”，模仿电影里士兵匍匐前进的镜头，玩得不亦乐乎！两个孩子不同的性格和玩乐方式源于各自父母教育方式的不同。哈尼的父母非常“用心”，对孩子照料得十分细致，给孩子安排了很多额外课程，哈尼四岁不到开始学钢琴、学舞蹈，难得有“独处”时间；而彼得就没有这么“幸运”，他的父母都很“粗心”，许多时候都让孩子一个人玩，顶多在必要的时候帮上一把，彼得经常处于“孤独”之中。

哈尼父母的教育方式也是不少中国家长的首选，这一类家长迫切希望自己的孩子多才多艺，不想让孩子输在“起跑线”上。实则，这样做不仅剥夺了孩子的美好时光，也抹杀了孩子的天性，很容易让他们的性格变得孤僻起来，怕见生人，怕面对难题。这样的孩子长大后很容易形成内向性格。对父母来讲，从小培养孩子活泼可爱、积极向上的性格比学什么都重要，而这需要家长多给孩子创造“独处”的机会。

真正对孩子成长有利的“独处”，并不是让孩子长时间单独待着，而是给他一个“独立自主”的小空间、小世界。做什么、怎么做、做成什么样子……这些都可以让孩子自己拿主意，家长即使在旁边陪着，也要充分尊重孩子的选择自由。我们常说家长对孩子有“看管”义务，但“看孩子”不等于“管孩子”，聪明的家长应该将主要精力放在确保孩子安全上，而不是给孩子制订条条框框的“规矩”来管住孩子的行为。最好的教育方法是“看”而不“管”，让孩子更多地拥有“独处”空间。

处于成长阶段的孩子需要不断学习新知识、认识新事物，形成自己的思维逻辑与解决问题的能力。这就要求家长在给孩子“灌输”知识的同时，还要给孩子足够的时间“消化”这些东西，将知识真正转化为能力。因此，要给孩子一定的“独处”时间，让知识能够得到有效吸收。

这些细节看似非常微不足道，却是孩子心理发展的重要因素。如果希望你的孩子不黏人，希望他更独立玩耍、看书和专注做自己的事，我们就应该注意给他这样的时间，给他独处的机会，创造这样的条件，至少做到绝不打扰。

“无聊”也有大作用

观点碰撞：一定时间的“逃离”和创造力对孩子们的成长至关重要，父母应该允许孩子有无聊的时候。无聊也是有好处的，我们储存了能量。无聊和“虚度光阴”能让孩子充分休息。父母不要每时每刻照看自己的孩子，而要留给他们独处的时间，给孩子们自娱自乐的自由。

英国的一名社会学家对现代英国青少年的研究发现，过去几十年来父母过多安排孩子活动的教育模式，已经令英国青少年养成了需要别人领导和不会自己作决定的性格。奥唐纳发现，15 岁以下的青少年普遍没有自信，无论去酒吧或参加其他社会活动，他们都希望有一个“带头人”，直到 17 岁或以上，一些年轻人才拥有自主作决定的能力。

当孩子从来没有属于自己的时间的时候，对孩子的教育一定是存在问题的。因为害怕孩子无聊，父母好心地把孩子的生活安排地很充实，但实际上却让孩子失去了最重要的东西——自由支配时间的权利。当孩子无聊的时候，父母可以多带孩子去公园，或者去农村郊区等等，让孩子接触到大自然，让孩子自由地接触树木、溪流等。也可以带孩子去旅游，孩子想去哪就去哪，让孩子给父母带队，给孩子充分的自由去欣赏和认识他感兴趣的地方。鼓励孩子邀请朋友来家玩耍，可以一起玩游戏，也可以帮助孩子策划一场朋友间的聚会，在这个过程中，让孩子的各方面能力得到锻炼。父母可以给孩子一些建议或者意见，来度过所谓的“无聊”的时光，但不必包办一切，给孩子自主权，让孩子自己去选择。

如果孩子对父母的建议或者安排不满意的时候，就让孩子自己来打发时间吧，父母此时可以不理会孩子，只需要在附近默默关注就可以了，让孩子自己支配他们的生活。

当孩子觉得“无聊”的时候，他会自己去尝试各种方法让这种“无聊”的感觉迅速抹掉，父母不要不相信，孩子其实是很少时候感觉到无聊的。孩子们的小脑袋里总是充满了各种问题，如果他没有纠缠着父母东问西问，那一定是他自己去寻思了。有时候，父母会忍受不了孩子一整天什么也没干，就在那发呆，或者喃喃自语，或者一个人在那捣鼓东西，甚至都不理人，只要孩子没有什么危险的举动，没有什么身体或者心理上的疾病，父母就大可放心，孩子也应该享受他们的“悠闲”生活。

当孩子看来无所事事时，正是孩子发挥自己的创作天分、学习自娱及学会了解自己的好时机。“孩子需要时间来玩自己想出的意念，就如需要时间来玩玩具一样。”

美国一位儿童心理学家说：“他们可能独自在房里对着镜子扮鬼脸，或把毯子当成披风扮飞人。这是他们在塑造自己的内心理想，创造一个梦想可达的境界。”因此家长不要给孩子安排太多的活动，应让他们有足够的时间独处。

第四节 要让孩子享受“慢”的权利

给孩子化茧成蝶的时间

育儿智思：所有的家长都爱孩子，可遗憾的是，很多家长却不懂自己的孩子。我们总是习惯把成人世界的东西填塞给儿童，以“成人本位”去教育我们的孩子，这是很可悲的。儿童的世界、儿童的生活、儿童的心灵是按发展阶段的顺序，而慢慢转变、逐渐成熟的。

有位妈妈对自己的孩子很着急，他的儿子今年 4 岁，是个特别慢性子的孩子，而且经常不是好好认真地做一件事。比如画画，妈妈说，给他买来好几本幼儿学画的书，他不肯看着画，而是喜欢由着自己乱画一通。妈妈陪他玩游戏，好好的棋子他不当棋子，而是把棋子当小人，给它们排队上课，真是让妈妈哭笑不得；这个孩子还很喜欢发呆，有时候跟他话说一半，他已经“神游”了……他的妈妈很苦恼，都说孩子在玩中学，但她感觉她家孩子是在玩中浪费时间。

有多少家长在孩子教育过程中，是过分强调教育的“塑造”功能，怀着望子成龙的心态，梦想着自己的孩子一夜之间成为画家、音乐家的呢？甚至有时候不惜“拔苗助长”。这都是不对的。孩子有自己的世界和个性特点，做父母的要给予充分的理解。

这位妈妈觉得孩子画画不照着书本画，乱画一气，但实际上，他并非乱画，孩子在画画的时候，已经反映出自己的思考和表现，家长应该鼓励孩子继续表达出想要表现的内容，而不是去误解孩子，用成人的眼光来判定孩子在“瞎画”。同样，棋子对于 4 岁的孩子来说，很难理解它的用处和意义，孩子不明白也很正常，他把棋子想象成小伙伴和小朋友，这是大多数孩子爱做的事情，也是孩子在他那个年龄段做的正常的事情，家长这个时候不应该指责孩子，如果把自己也设置成一个角色，融入到孩子的“故事”中，也许会产生很好的效果。这位妈妈对此很焦虑，实则是对孩子的生长规律和成长状态不了解所导致的。同时，我们也不要用成人的思维去禁锢孩子的想象力。

有一种理论是说孩子有自己的理性休眠期。儿童大概在十一二岁的时候才会产生理性思维、逻辑思维。在这之前，很多孩子不能真正地接受成人世界的大道理，但是他在表面的幼稚之下隐藏着极其丰富的、有意义的生活，那是与成人生活不一样的儿童世界。就像破茧而出的蚕蛹，它在化蝶前并非是在浪费时间，而是作为蛹，在悄悄地、忙碌地做着建造新生命的工作。

思想家卢梭主张儿童要自然地发展，他甚至提出了儿童教育的一个重要的原则就是要浪费时间，这也是同样道理：也许在成人眼中的“浪费时间”，正是孩子们在为“化蝶”做着最好的准备工作。

有一种教育叫“等待”

问题直击：父母大多爱子心切，这种心情可以理解，但教育是一个过程，不是可以得到立竿见影的效果。有一种教育叫“等待”，等待，对于心情迫切的父母来说，是一种挑战，也是一种学习。等待孩子，遵从自身发展规律，健康快乐成长。等待孩子，等孩子长大。等待，需要耐心，也需要足够的技巧。等待，也是一种艺术，亲爱的家长朋友们，你们做到了吗?

有个妈妈，一度很苦恼。她的儿子聪明伶俐，学习虽然不拔尖，但还是不错的。不足的地方是这孩子身上还是有很多的缺点，其中最突出的就是懒惰，不爱做家务事。为了治好儿子的“懒病”，他妈妈不知道想了多少方法，真是费尽了心思，软硬兼施都没办法让这个孩子做一点点家务事。

孩子的妈妈只是希望儿子具备基本的自理能力，否则长大之后还不会叠被子或者剥鸡蛋壳可怎么办呢？为了让孩子有所改变，妈妈天天给孩子讲伟人如何注意生活细节，给他讲“一屋不扫何以扫天下”的道理，奈何孩子总是听不进去。她也曾试过用金钱来刺激孩子做家务，比如做一次家务就奖励一块钱，就这样，效果也很不明显。妈妈很苦恼，一直在尝试着各种方法锻炼孩子。

后来，妈妈又想到用积分制度，只要孩子在学习、修养、劳动等方面表现好，就给画一颗红星，然后根据红星设置奖项，给予鼓励，但这样的措施也只是在刚开始的时候有效，很快儿子就没有兴趣了，多少红星都刺激不了他。妈妈对此很是苦恼，很快就对懒惰的儿子失望了，也无能为力，只好由着他，让他去倒垃圾，他理都不理，让他去洗碗，他说要看书，总之，他什么也不想干，也不会干。

但是有一天，这位妈妈突然发现以前懒惰的儿子突然变得勤快起来。以前从不做家务的他，居然戴上了妈妈的手套，主动地去洗碗。洗完碗，就去清扫地上的垃圾，要是以前，这是不可能的事情，这是怎么了？孩子的妈妈对此很惊喜，也很迷惑，自己的儿子究竟是怎么就变得勤快了呢？她想，是不是孩子成长到一定阶段，都会出现这种“质的飞跃”呢？

其实，这种情况是正常的，家长望子成龙的心情都是一样急切，许多家长都曾为孩子的种种缺点而遗憾过，忍不住又打又骂。但我们却没想过，孩子毕竟是孩子，他的成长是有自己的发展规律的，有高峰，也有低谷，有的阶段他会依赖你，有的时期他会排斥你。孩子成长到一定阶段，自己对家务事的理解发生了变化，他的行为自然会发生转变，而这之前，不论家长如何“软硬兼施”都无法让孩子改变自己的行为。孩子的成长是有周期的，有规律的，我们作为家长，要做的就是用艺术的技巧和足够的耐心去等待孩子长大。

在教育孩子的过程中，讲求“慢”的艺术，会比盲目追求“快”有更好的效果。因为教育是一种爱的传递过程，慢的节奏，会让爱慢慢地渗透孩子的心灵，使孩子的心灵得到更多的滋润，得以更充足地发展。慢一点，听听孩子的倾诉，慢一点，不要急着教育孩子；慢一点，给孩子解释的时间；慢一点，了解孩子才能教育好孩子。慢，是一种技艺，也是一种艺术。慢一点的父母，更有耐心来等待孩子敞开自己的心灵；慢一点的父母，更有爱心等待孩子自然健康地成长。

第五节　戴上你自己的氧气面罩

从家庭中找回自己

育儿智思：每个家庭中的年轻父母，大多过着上有老、下有小的夹心生活，每天面对着家庭中的繁杂琐事。但是，当父母们全身心地投入到家庭当中时，千万不要让家庭成为迷失自己的旋涡。尤其是女人，在为家庭付出的同时，也留出一些时间和空间给自己，找回自己灵魂的位置，让心回到年轻时的轻松和浪漫。

一个家庭中的女人是最无私的。当我们走入家庭，尤其是当了妈妈之后，家庭就成为我们的全部。丈夫和孩子的利益高于一切。每当妈妈的利益与丈夫和孩子的利益相冲突时，被牺牲掉的总是自己。即使有委屈还是会无怨无悔地为他们服务。

很多孩子的妈妈，有了孩子之后，她们变得不会享受生活，不懂得调适自己的心情，经常向人哭诉：“养孩子真累啊，我要照顾孩子，还要给丈夫做饭洗衣，还要料理公公婆婆，完全没有自己的时间，每天忙里忙外，不敢怠慢，我为这个家，真是做了太多的牺牲。”不仅是做了很多的牺牲，甚至也失去了自己，没有自由，没有闲适，没有朋友，没有爱好，只有家庭。

但家庭不会因为母亲的牺牲而变得幸福，因为母亲也是这个家的一分子，牺牲自我换来的其他家庭成员的幸福，是一种没有根基的幸福。家庭的幸福源自于每个家庭成员的幸福和快乐。一个女人为家庭牺牲是无可厚非的，但是必须要确认自己的牺牲是有价值的。否则，牺牲就成为一种纯粹的牺牲，而不是对幸福的追求与向往，也不会对婚姻与家庭的稳固产生多么良好的意义。

妈妈们，从现在开始，要从家庭中找回自己。在爱家庭之前，首先要爱自己；在为家庭付出的时候，也要为自己付出。家庭只是男人的一部分，为什么要是你的全部？不要忘记，你还有事业，还有朋友，最重要的你还有你自己！给自己松绑，给自己自由，走出去，找回自我，大口呼吸新鲜自然的空气，拥抱美好的生活！

“无私”的妈妈养出“自私”的孩子

观点碰撞：妈妈在家庭中总是无私地付出，为了孩子，舍得吃苦，舍得付出，舍得奉献，但有些“无私”的妈妈却养出了“自私”的孩子，这是为什么呢？因为妈妈们光顾着爱孩子，却忘了爱自己，忘了自己的母亲，却也被自己的孩子所忘记。爱是一种能力，也是一种教育，爱孩子，更要爱自己。

有一个旅游团，都是母亲带着孩子去游玩的。晚上坐车的时候，孩子们都困了，无一例外，孩子枕在母亲的腿上，躺在座位上睡觉。而母亲们则只好歪着身子尽量少坐一点地方，让孩子尽可能睡得舒服一点。半夜里，有的孩子醒了，依然躺着不动。中途在服务区停靠时，有一个妈妈说：“腰酸死了，动都不敢动。”其他的妈妈说：“你和孩子换着睡一会儿，别舍不得，再说你儿子都那么大了。我就和孩子换着睡，不然太累了。”可那妈妈却不肯。她执着地搂着她那十六岁的大儿子，一夜未眠。

其他的妈妈感到有些不可思议，十六岁的孩子，怎么会这么自私呢？想想刚才吃晚饭时，那个十六岁的大小伙子，喜欢吃那盘黄瓜拌海蜇皮，妈妈就把那盘海蜇皮端到他的嘴边，让他自己吃，全然不顾满桌的人，更别说自己了。返程去码头乘船时，那个孩子已经十六岁的妈妈，背着两个大包，而她前一夜不知是因为水土不服还是吃坏了，拉了一夜肚子。十六岁的儿子只是自由自在地甩着两只手自顾自地走着。

大家不断悄悄议论并责备这个孩子冷漠，不懂体贴家长，却也引出了另外一个问题。孩子的冷漠，难道都是孩子的错吗？也不全是，这也是妈妈造成的。这个妈妈只知道盲目地疼孩子、爱孩子，宁愿牺牲自己，也舍不得让孩子受一点点苦，这样的行为久了，才造成了孩子今天的自私与冷漠。在孩子的心中，母亲就是为他而生的，就应该围着他转。

作为一个好母亲，我们不应只是盲目地疼爱孩子，我们还要爱自己，只有懂得爱自己，才能得到孩子的爱。只有先爱自己，才会教会孩子爱自己，然后再爱其他人。母亲也要爱自己，只有懂得爱自己，才能让孩子知道母亲也需要爱，才能真正得到孩子的爱，才能教育出一个优秀的好孩子。

爱是相互的，但不能只是付出，不问回报。我们不以回报为目的，但也不能忽视回报的价值。如果在一个家庭中，孩子只是得到父母的爱，从不考虑父母的感受，也从没想过要去回报父母，那这样的家庭，教育是失败的。爱是一种感知和体验，也是一种能力。孩子可能不会天生地具备爱人的能力，因此父母要在养育孩子的过程中，教会孩子接受他人的爱，也要学会去爱他人。不管是父母，还是孩子，首先要做的是爱自己，爱自己才会去爱其他人，连自己也不爱的人，也很难得到他人的爱。

家长朋友们，不要对你们的孩子给予太多“无私”的爱，往往无私的父母却养出了自私的孩子，就是因为父母的这种“无私”的爱，实际上是一种盲目的爱的付出，在教育孩子的过程中，父母要从自己做起，从爱自己做起，爱自己然后再去爱孩子。

第三章

三分教诲，七分等待

所谓自然成长，就是尽量减少外力的影响，让孩子自由而自在地成长，就像一颗种子，不需要过早地发芽，只需要在春天来临的时候，破土而出。在孩子成长的路上，也需要父母的教诲，因为孩子需要认识和了解他所处的世界，这就少不了父母的帮助。但这种教诲只有三分，其他七分，就是等待，等待孩子以他自己的方式去成长，而不是像其他孩子那样，也不是按照父母的安排来成长。爱的教育就是等待，不着急，慢慢等孩子长大成人。

第一节 让孩子“放心”犯错

给孩子犯错的空间和改正的时间

观点碰撞：很多家庭给孩子使用一个打不破的专用碗，孩子进餐就使用这个碗，这样做是基于担心孩子把碗打破，也可以让孩子不用担心把碗打破而遭受父母的责怪和自责。这样一个碗，是保护了孩子一颗脆弱的心，也给了孩子犯错的空间。

周周没有固定的碗，爸爸妈妈一直是给周周使用和他们一样的瓷碗。周周打破过一次碗，那是在大约两岁多的时候，周周端着瓷碗吃饭，一不小心，碗掉到了地上！这是周周第一次打破碗，她非常惊恐地看着满地的碎片，哭了。

当孩子看见一个完好无缺的碗由于自己的不小心变得支离破碎时，心中一定是非常懊悔和自责的，他们喜欢完整，不喜欢破碎。妈妈宽慰周周，“没关系，我们一起来打扫碎片就行。”妈妈的宽慰让周周放松了许多，一起清理完碎片后，妈妈又给周周拿了一个瓷碗，并鼓励周周自己想办法，要怎样才不会打破碗。周周见妈妈如此信任她，又给她一个瓷碗，非常开心，笑容回到了小脸上。

这一次，她是非常小心地把碗放到桌子上，左手小心翼翼地扶着碗，唯恐再一次把碗打破。在那以后，周周很少打破碗。相反，那些平时用不锈钢碗或者是塑料碗的孩子很容易打碎碗，因为他们的家长不信任他们，没有给他们用过瓷碗，令他们没有“陶瓷易碎”的经验。在孩子第一次打破碗的时候，没有一个孩子是故意的。碗被打破了，可能是由于他们小手的笨拙，没拿稳才会打破。他们打破一次碗后，就会小心翼翼地使用他们的碗，想办法不再把碗打破。

倘若因为孩子打破了一只碗就不给他们使用瓷碗，或者根本不给他们机会使用瓷碗，那么孩子感受到的就是家长的不信任，他们会觉得，“我可能只会给爸爸妈妈添乱，损坏爸爸妈妈的东西，我真是太不能干了。”久而久之，这种不被信任的感觉会让他们怀疑自己，变得不自信。

我们成人也会这样，如果在工作上有什么失误的话，总想着领导会不会因此不信任我们，也担心领导会不会给我们机会改正？如果领导再给我们一次机会，我们的心里会不会心存感激，从而更加努力工作，弥补失误？倘若领导不再给机会，而是把事情交给别人，我们是不是会觉得非常挫败，觉得领导不再信任自己？孩子的内心和我们一样，他们能觉察到我们的细小行为流露出的信息，只是他们不会表达，但是其影响会深深地烙在他们的心里。

如果决定让孩子做某件事，就不要怀疑孩子是否能做好，一定要相信孩子，真正地放手。不要把紧张和担忧挂在脸上，而要埋藏在心里。不过，在做某些可以预见可能产生危险后果的事情之前，家长一定要事先检查，排除隐患，尽可能避免危险的发生。比如两岁孩子收碗，一定要确保地面不潮湿，孩子的鞋是防滑的，挪开周围的障碍物，以防孩子万一摔倒磕伤。孩子的潜力是巨大的，实践证明，很多事情孩子是可以做到的，只是家长没有相信他们，没有给他们足够的机会。

犯错，成长自然而必经的过程

育儿智思：孩子生下来犯错误，应该说是天经地义的。一是因为淘气，二是因为没有生活经历。只有通过犯错误机会才能得以总结和积累，才能让自己的生活经历变得日益充实，进而更有助于一天天茁壮成长和生活。

在现实生活中，绝大部分父母，当孩子每每犯了一个错误，哪怕是最小的，有的言语恐吓，有的怒声斥骂，有的拳脚相加……

这其实也有历史的原因，也许他们的孩提时代就是这样走过来的，所以他们是在走别人走过的路。同时也可能是传统思想影响，导致教育方式固化或者说是僵化，要不然，今天为什么要提倡素质教育呢？当然也有孩子的原因，可能是因为如果大人太温和，孩子反而有些更随意，不听劝阻，有时候会胡来，甚至有些时候是危险的行为，大人因为有一种过分的爱的担心而情绪一时难以控制，使得教育态度有些失控，教育方式有些情不自禁。

父母的教育，不管采用什么样的方式，动机都是很单纯而且也是唯一的，那就是希望自己的孩子能够平安健康地成长。但不同的家庭教育方式，造就了孩子一生中与众不同的生活方式。其实教育方式本身无可非议，只是不同的社会年代要有相应的教育方式，也就是说，我们作为父母也要相应地改变自己的教育方式，跟上社会发展的步伐，与时俱进，这才会更加有利于孩子更加和谐地融入这个社会大家庭。

谁敢说自己没有犯过错误。我们不仅在小时候犯过，在而今的年代我们同样犯着可原谅或不可原谅的错误。但对于孩子来说，他们犯的错误都是很可爱的，也是完全可以原谅的，因为他们根本不知道自己是不是在犯错误，最起码不知道犯错误后果的严重性，没有任何动机，是完全可以原谅的错误。

犯错误不可怕，最重要的是犯错以后，我们当父母的，如何去正确地把握对孩子进行错误教育的度，同时应如何正确引导孩子去判断事物的错与对，帮助孩子积累，并使其丰富生活经验。错已经错了，以后不再犯相同的错，这才是我们最需要的。

淘气的孩子，错误相对也犯得多。但淘气的孩子也相对聪明。为什么呢？就是因为他们比其他孩子多经历了一些。如果孩子生下来就什么都会做，也能做，而且能做好，那我们还要操那么多心吗？

第二节　别插足孩子的交际圈

孩子交朋友，家长该干涉吗？

问题直击：孩子成长的每个阶段都需要朋友。古人云：“近朱者赤，近墨者黑。”许多家长都明白这个道理，在孩子的交友过程中也或多或少地进行过干预或指导。但有的家长在指导孩子交友方面，是一味摆出强硬姿态，干涉孩子交朋友。到底父母是信任孩子，还是限制孩子的交友呢？

丽丽和婷婷从幼儿园开始就是好朋友，从小班到小学四年级一直是同班同学，小时候她们一起上学，放学也一起回家，几乎无话不谈。由于婷婷性格比较开朗，喜欢表现自己，所以小学一直当班长。三年级以前她学习都非常好，可是到了四年级退步得比较厉害，而丽丽的成绩却越来越好，每次都是班里的前三名。爸妈发现婷婷学习退步了，就跟丽丽说：“她太爱出风头了，当班长管的事情太多，分了心，所以成绩退步了，你少跟她玩，你应该多和班里成绩比你好的同学玩，这样你才能进步更大。”丽丽小时候一直都很乖，觉得爸妈说的都是对的，所以就有意疏远了婷婷，跟班里成绩比丽丽好的小环很快打成了一片。

上了初中和高中，丽丽的好朋友都是学习成绩好的，跟他们在一起确实能学到一些优点，但他们交流更多的似乎只是学习。高中毕业后丽丽就比较少跟那些朋友联系了，现在大家都天各一方。丽丽后来反省，觉得自己从小就被父母灌输了功利的思想，交朋友的目的不纯粹，其实每一个人身上都有自己的闪光点，学习好的孩子不一定什么都好，也许他们把很多心思放在学习上，对于友谊不是那么珍惜，而有些孩子可能学习成绩不是很好，但对朋友却是有情有义。

人是群居动物，交朋友是孩子的天然兴趣与本能，如果儿童没有这种天生的交往本能，人类就没有发展前途。尤其是现代社会，越来越需要合作。据统计，一个人一生的成功，人际关系要占85%。因此孩子交友就显得尤为重要，而且越早越好。

现在的父母，对孩子的交友问题干预太多，尤其是独生子女家庭。有的父母怕孩子交友不慎，采取严格控制的方法，致使孩子错过了交往能力形成的最佳阶段，形成了心理残疾。孩子成长的环境不是真空的，更不是父母可以预设好的，是完全不确定的。孩子正是在与各种不同的人的交往过程中（包括吵嘴、打架），才能积累经验和教训，这些都是有利于孩子成长的人际关系资源。

家长是孩子的监护人，对孩子的交友问题要密切关注，因为随着孩子的成长，朋友对孩子的影响会越来越大。有的孩子宁可得罪父母也不愿影响朋友关系。但孩子年龄小，经验不足，尤其是青春期和网络时代，更容易出问题，非常需要父母老师的及时引领和点拨。在这个过程中，父母不可操之过急，更不能主宰孩子的交友，实际上也无法主宰，因为孩子对付强制父母的办法，是把真实的自己隐藏起来，父母得到的只是一个虚假表现，这样就不可能真正了解孩子，更不能正确地解决问题，是非常危险的。

父母要做孩子的知心朋友，敞开心扉与孩子聊天，孩子也会把心里的疑惑和成长的烦恼与父母交流。因此与孩子聊天应成为父母经常的习惯，这个“聊天”是平等的、互相的，而不是居高临下的。聊什么呢？聊心灵问题——聊嫉妒，聊仇恨，聊自卑，聊虚荣，聊善良，聊友情，聊正直，聊宽容，聊分享……不断地帮助孩子耕耘心灵的花园，把杂草除掉，让阳光照进来。

谁的朋友谁说了算

观点碰撞：父母与孩子两代人之间对何谓好朋友的标准与看法不同，由于年龄、阅历的差异，同时在思想观念上、行为方式上也存有明显的差异。

也许，有些家长并不喜欢孩子的朋友，甚至想尽办法让孩子与朋友断绝来往。但这样的做法往往会得到不好的效果。在交朋友方面，孩子有自己选择的自由，父母不能把自己的意志强加给孩子，不能武断地干涉孩子的交际圈。

一位母亲说她女儿正上五年级，在学校里有一位形影不离的同性朋友，两人的家很近，每天同时一起上下学。在学校里一起上食堂吃饭，一起上洗手间，课后玩耍娱乐也几乎都在一起。别的同学称她们两个是“死党”。而作为家长对孩子的好朋友不知道为什么总是感到不喜欢，但又不知道如何处理与应对。

正如有一句话所说的：“年轻人相信许多假东西，成年人则怀疑许多真东西。”孩子正处于少年时期，喜欢按自己的意愿结交朋友，敢于尝试与冒险，喜欢追求与欣赏好朋友给自己带来独特的感受，喜欢时髦、标新立异，不切实际。朋友交往常常异变及多变，这跟父母在对待与结交朋友时存有诸多明显的不同，所以对孩子的好朋友，家长们表示不喜欢在某种程度上完全可以理解的。

父母要尊重孩子对好朋友的选择。心理学研究表明，从少年开始，孩子的交往从家庭成员、老师逐渐转向了同龄的伙伴，愿意结交好朋友，并努力维护他们之间的感情。好朋友常常具有温暖、信任、自我表露深入、感情基础良好、承诺、期待关系的增进与持久等特点，这对孩子的心理方面的健康成长是非常有益处的。满足了如同马斯洛需要层次理论所说的：交往、爱与被爱、尊重的需要。所以父母要站在孩子的角度去看待孩子的好朋友，善于进行角色换位思考，尊重维护孩子的选择。父母要承认与孩子之间选择朋友时的差异，并尊重这种差异。有时候给孩子足够的面子，孩子也将会给父母足够的面子。

父母要采取恰当的教养态度，调整对子女的期望值。家长不要把自己的价值观与意愿强加给孩子，否则会激化矛盾，引发冲突。同时要调整对孩子的期望值，不要把自己未完成的心愿或未成功的希望转嫁给孩子，从而避免对孩子结交朋友时进行过多干涉及过分的呵护。

总之，孩子能与他人建立好朋友是人际关系中一种最基本的关系，要尊重孩子根据双方意愿和喜好进行自由选择，大人不要干涉太多，毕竟，孩子的朋友是孩子的，不是父母的，也不需要经过父母的批准才能结交朋友。

第三节　不要拨快孩子的“学习钟”

提前学习须“理智”

问题直击：中小学生提前学习新知识的现象目前比较普遍，特别是集中在起始年级。但事实是，部分提前学习的学生未必会成为优等生，还可能会输在起跑线上。这一现象不断蔓延，如今都已经普遍化了，这也反映出部分家长存在盲从心理，是一种“跟风”行为，提前学习新知识，对孩子的学习来说，未必是件好事。

新学期刚开学十余天，某小学一年级语文老师感叹道：一半精力教授新课，一半精力用于纠正部分孩子的错误发音。原来，部分小学一年级新生提前学习拼音，但他们的发音和方法不对，反而增加一年级孩子的学习任务。

“小学入学前提前学会拼音”成为很多小学一年级新生家长的必做功课，然而，部分提前学习的孩子写字方法和发音不对，反而增加了学习负担。学校的老师说，新学期开学第一课，她刚在黑板上写了第一个拼音字母“a”，很多孩子坐在座位上大声读起来。她随堂做了一个统计，她所任教的两个班级，超过一半的学生已经提前学习了汉语拼音，甚至还有学生能默写 26 个拼音字母。

每年新生家长会上，很多家长都会请老师开教辅书单，希望自己的孩子多学一点，学得更好一点，无形中给其他学生、老师带来了压力。

此外，对部分“提前学习的学生”进行跟踪发现，部分学生在课堂上的表现显得有点不耐烦，思想会游离于课堂之外，学习习惯很难培养。老师在教授新课时，还会传授学习方法和学习习惯，部分“提前学习过的学生”对此却没有兴趣。

美国塔夫兹大学研究儿童问题的大卫·埃尔坎教授提出警告说，不要拨快孩子的“学习钟”。然而，当今许多父母为努力加快孩子的学习进程，却大大伤害了孩子。在孩子仅两三岁时，家长就让其读书、识字、背诗词，四五岁时就让其学电脑及琴、棋、书、画，希望孩子早早成才。

孩子需要的是自然发展的时间表，逐个地走完每一发育阶段。不让孩子有足够空闲的做法，也许能拨快其“学习钟”，但因而就会破坏其内在功能，以致再也无法恢复准确的“钟摆”。

孩子提前上学到底好不好?

问题直击：每年到了小学招生时，总有一些家长为了让不到年龄的孩子提前入学，千方百计将不够入学年龄的孩子“塞进”学校。总有些家长想，我的孩子健康聪明是不是可以提前入学？不少家长看来，孩子入学越早，成功的机会就越大，因此，为此费尽心机。那么孩子提前入学到底好不好呢？

据一项对 100 名提前入学学生的调查显示：只有 18% 的孩子对学习感兴趣，56% 的孩子学习成绩不理想，16% 的孩子上课坐不住。据老师反映，提前入学的孩子在自立能力、注意力集中、独立完成作业等方面明显比其他孩子差一截。

一位长期从事低年级教学的老师分析说：“家长让孩子提前入学，其理由是认为他的孩子聪明。”他们看到自己的孩子已经认识一些汉字，会做几道算术题，甚至会背几首唐诗，便认为自己的孩子已经具备了接受义务教育的条件。

实际上并没有具备条件，那些孩子学到的那点知识和能力，是家长提前、强化培养的结果。那点“优势”不是真正的优势，是虚假的，可以说是“泡沫优势”，上学后过不了多久，就会不复存在了。因为孩子的语言理解能力、日常生活常识的积累、生活自理能力、反应速度等，与年龄大小有相当大的关系。我们成年人，在年龄上有几年甚至十几年的差异，在能力上也不见得有多大的差别。而对小孩子来说，不用说相差几岁，就是差几个月，在能力上也会有很大的差异。

做父母的都希望自己的孩子早日成才，千方百计地把孩子接受正规教育的时间提前，结果是“欲速则不达”。一位提前入学的孩子的家长后悔不迭地说：“由于孩子提前入学，在班里各方面都一直处于劣势，始终‘赶不上趟’。由于学习的不成功，使他对自己丧失自信心，小学六年级毕业时，竟然没有勇气面对初中学习的激烈竞争。”

在孩子的一再要求下，他们只好将他转到另外一所小学，重新读了一个小学六年级。早知今日，何必当初。”据了解，世界上绝大多数国家和地区，不论是发达国家，还是发展中国家，也不论是白种人、黑种人、黄种人、棕种人居住地区，基本上都是规定 6 岁以上的儿童才能入小学读书。这种入学年龄的规定，不是偶然的巧合，而是有其科学依据的。

许多家长只是从个人的主观愿望出发，强行让孩子提前入学，使孩子过嫩的肩膀承担起与他们年龄不相称的重担，那是不明智的举动。对年龄比较小的孩子来说，过难的知识和过重的负担，容易使他们对学习产生抵触情绪，丧失学习的兴趣和信心，甚至会使他们产生厌学情绪。刚开始读书学习，就厌烦学习，那可不是好的征兆，会对孩子以后的学习，甚至一生都会产生持久的副作用。家长要慎之又慎，不可盲动。

第四节　身心减压，平衡成长

提升孩子的幸福指数

问题直击：孩子的身上，多少反射了父母在教育孩子方面的痕迹，有时候，孩子没有学好，不能取得理想的成绩，孩子个性不好，爱嫉妒、好暴躁，其实父母是有很大责任的，因为孩子是父母一手带大的。什么样的父母教育出什么样的孩子，什么样的心态也会影响到孩子的人格成长。

文萱的儿子贺宇出生后，比弟弟的孩子先会说话，也比妹妹的孩子先会走路，于是贺宇成了爷爷、奶奶、外公、外婆的最爱。为了使贺宇事事走在先、抢在前，文萱家花了更大的精力、更多的金钱、更多的爱。说是要好好培养，争取有更大的出息。大家像填鸭一样，不断地教贺宇学新东西，让他比别的孩子更先学会跑、学会骑车、学会搭积木、学会数数……

孩子有了一点进步，我们都给予极大的肯定和表扬。贺宇在这种表扬中更喜欢表现，每当获得了表扬，就沾沾自喜。可一旦看到别的孩子比他强，就会生气、发脾气、摔东西，甚至打人。只能说他好，不能说他不好，受不了一丁点儿委屈。上小学后，贺宇的成绩不是最好的，文萱就请了家教，但效果并不理想。于是为了贺宇的前途，文萱辞了工作，专门照顾孩子的生活起居，当他的老师，每天为他检查作业，辅导作业，督促学习。为了他能够学得更多，还给他报了6个辅导班，每到周末，让他学画画、学篮球、学钢琴、学奥数……忙得文萱和丈夫晕头转向，贺宇自己也很累，累得他经常说想多睡一会儿觉，他觉得很累。尽管如此，贺宇与别的孩子相比，优势并不明显，问题出在哪儿呢？文萱也很迷茫。

文萱参加了一个家长会，校长说，最好的教育是让孩子快乐，对文萱启发很大。她觉得，现在贺宇的教育，肯定是出了问题，孩子自己很累，家长们更累。不要说快乐，就是轻松一下都不行，文萱觉得孩子很可怜，他是无辜的，只是从小背负着太多大人们的期望，失去了原本这个年纪该有的快乐。

好多父母喜欢对孩子说：“你要优秀，要努力，做得最好、更好。”这是一个误区，更是一条歧路。不能苛求把孩子培养成最优秀的人，那样，家长会很累，孩子也会很累，失去童趣、童心，失去快乐和兴趣。其实，父母对孩子最大的期待，应该落实到最实际的层面上，只要孩子快乐，即使不是成功人士，那又怕什么呢？只要孩子有着普通人的快乐，有着普通人的清闲与自在，肯努力、想上进，也有所作为，但不要太苦、太累就行了。其实，孩子过上开心、幸福的生活，就是父母最大的安慰。

高要求未必出“良效”

问题直击：在许多家庭中，虽然孩子的成绩很优异，已经达到了令其他同学羡慕不已的地步，可这并不能使家长满意，因为父母的眼睛总是盯着更优秀的孩子，总是希望自己的孩子“更上一层楼”，殊不知，这种高要求会对孩子产生极大的心理压力，对孩子的成长一点也不利。

小芹在班里学习成绩处在第六名，成绩本来已经很优秀了，可是她却因为自己的成绩时常有死的念头。原因是她的妈妈对她的期望特别高，希望她在班里考第一。可是她自己不管怎么努力却始终考不到第一。这个目标达不到，她就觉得对不起自己的妈妈。在这种愧疚的心理下，小芹有好几次都想跳窗自杀，在她看来妈妈对她那么好，可是自己始终不能满足她的希望，她觉得实在没有脸面活了。

许多家长的最大满意值是第一名或双百分，甚至还需要保持这种优秀的成绩。如果孩子的成绩达不到父母规定的标准，随之而来的不是帮孩子分析考不好的原因，寻找解决问题的办法，而是严厉的批评、激烈的责骂、加倍的作业，有的甚至是拳脚相加。这些错误的做法不仅不能提高孩子的学业成绩，很多时候还会给孩子造成较大的心理负担，甚至是产生对学习的厌烦和憎恨。

诚然，家长在学习上对孩子提出一定的要求是必要的，但如果期望过高，则会适得其反，这时孩子会觉得自己无论怎样努力也达不到父母的要求，无论怎样努力都是失败，渐渐地就会失去信心，对自己的能力产生了怀疑，进而会把学习当成一件可怕的、痛苦的事情，厌学情绪也会油然而生；有的极端的孩子干脆来个“死猪不怕开水烫”，反正达不到要求，索性放弃！

有这样一个小故事，有一个孩子经常逃课，当老师终于找到他时，他蜷缩在路边，十分恐惧，并且哀求老师不要把他送回家去。原来这孩子的父母对他十分苛刻，要求考试的分数必须达到 90 分以上，否则回家不仅受责骂，还经常挨打受饿。孩子的母亲更是严厉，有时一道题做不好，甚至整夜不让睡觉。这个孩子偷偷地写过一篇作文，文中写他跑出了家，杀退了他妈妈一次又一次的阻截，躲进一座城堡，挂起了吊桥，关闭了城门，他妈妈在下面大喊大叫，他在城堡偷偷乐。

后来，他妈妈搭了一根绳，爬上了城堡，快爬进他的窗口时，他不慌不忙地掏出一把剪刀，绳子一刀两断……在这个孩子身上，对学习的厌恶已发展到了一种极端，他由于被分数高压，身心已经疲惫而无奈，学习对他来说已是一件非常痛苦的事，他厌恶书本与学校，更是仇恨逼他读书的父母。

做父母的或许都有过这样的体验，孩子的学习成绩时刻牵挂着每位父母的心，但对于自己的孩子千万不能太苛刻。有的家长会说，其实我们觉得孩子已经很优秀了，但是又怕他会因为自满而懈怠，所以才对他提出更高的要求。殊不知，孩子的心灵毕竟很脆弱，他们经过自己的努力仍达不到父母的要求，就会变得对学习没有兴趣，甚至是对自己的生活失去信心。作为父母，我们应该明白，我们看重的是自己的孩子，而不是分数和名次。

第五节　大自然不需要早熟的果子

教育孩子不能“催熟”

育儿智思： 养育孩子，不像种植植物，可以用养料和药物来进行“催熟”，孩子的成长，有他自己的规律，违背了规律，只能适得其反，会让孩子的成长遭受不必要的损害。父母们要对孩子的成长报以足够的耐心，在孩子健康成长之前，为孩子创造最好的成长环境，除此之外，就是耐心地等待，等待孩子长大成人。

孩子的发展，不管是身体上的发育，还是心灵方面的发展，都需要时间。比如0~1岁婴儿，每个月的成长发育都会有不同的发展阶段，尽管每个孩子不完全一样，但是，都会有一个大致的发展时间表，而不是像用化肥催熟蔬菜一样可以一蹴而就的。孩子的其他方面也是一样，比如认知的发展，孩子在抽象学习之前，一定要具备大量的对真实世界的直接经验，他才能理解并把抽象符号和实际事物联系到一起，否则，孩子今后的学习就只是填鸭，毫无乐趣可言。

孩子的发展需要时间，我们必须等待而不是拔苗助长。父母能够做的，是为孩子提供他真正需要的环境。从硬件上说，这个环境应该是尽可能真实美好的，不是被书本、电视和抽象符号充斥的；从软件上说，这个环境应该是安全的、充满爱的、有规则的、尊重的、鼓励的和帮助的氛围，而不是强迫的、生硬的、威胁的、训斥的甚至打骂的，更不能让孩子做超越自身发展的事情。

同时，我们也要尽可能做到保护孩子在自然发展中表现出的好奇心、想象力、探索精神和求知欲望等等，给孩子自由，他才可以正常地成长。人是社会性的动物，当孩子 4 岁以后，他就会自发地想和其他的小伙伴在一起玩耍，这个时候，父母也要尊重孩子成长中的规律，让孩子去建立自己的人际关系。孩子只有通过与人交往才能建立起正常的心理状态和人际交往的自信，这也会影响到孩子今后的人生状态。

现在的社会，很重视一个人与人交往合作的能力，强调沟通与团队合作。这些能力虽然也不需要从小就刻意锻炼，但是可以有意识地培养，与人交往和合作的能力，不仅是等孩子长大之后才需要的，当孩子可以和其他人交流的时候，就需要这项基本的社会能力。

孩子的成长过程有其独特的自然规律，我们要给孩子足够的时间和空间，等待孩子，完成每一个阶段的任务，自然地成长。这个过程不能被人为地打乱，孩子的发展需要时间，这需要父母有耐心，等待孩子像破土而出的禾苗，汲取大地的精华，等到有一天，终于探出头来，迎接阳光和雨露，自然地成长。

早教就是让孩子早学知识吗？

问题直击：现在，“早期教育”和“学前教育”越来越普遍，各种各样的早期教育学校和系列参考书层出不穷。许多家长为了孩子的前途，往往采取各种方式对孩子进行提前教育，希望对孩子的今后有所帮助。我们不禁要问：“早教”就是让孩子早学知识吗？

很多家长在孩子还很小的时候，就给孩子报名参加各种培训班，学习舞蹈、绘画、钢琴或者围棋。认为这些就是早教，早教就是在孩子还很小的时候，去学一些知识或者技艺。

教育专家认为，早期教育涵盖的年龄段，以孩子在婴幼儿期（0~4 岁）为主，5 岁就进入学龄前阶段了。5 岁以后，大脑发育得比较好，会进入永久记忆器，这个时候开始为抽象的智力学习做准备是比较适合的。但目前的很多早期内容，是围绕着违背孩子正常发展规律的过早的智力开发和以读写算为主的抽象学习为主的。所以早期教育也存在误区，很多家长也对早期教育存在片面的理解，认为提前学习知识、过早地智力开发等等。在生活中经常可以见到的“智力启蒙”、“潜能开发”和“天才宝贝”这样的字眼，是一些人违背儿童身心发展规律，以盈利为目的的宣传手法，也让很多家长陷入误区中。

现在很多早期智力开发所依据的理论基础，大都是上个世纪的研究结果。随着时间的推移、长期追踪观察和科学研究的不断深入，有最新研究结果表明，人为的早期智力开发，并不能取得提高智商的预期效果。也就是说，早期教育并不能让人的智力得到提前的开发，那些“智力启蒙”、“潜能开发”这样的广告字眼，更多的是处于一种盈利的动机。

2007 年，美国社会学家发表最新的研究结果，认为“人为的干预可以在短期内把智商提高七八分，但是当人为干预消失后，这些被提高的智商基本上会降回来。”有些孩子，在小学的时候也许很聪明，但越到后面，等进了初中或者高中，这种智力上的优越也越来越淡化。那些从小没有被早教的孩子，也许在小学阶段，并不突出，但是他们后期的智力发展趋势并不比早教的孩子差，甚至在学习的热情和创造力方面，这些孩子更有优势。

切勿用“成人化”的标尺量孩子

问题直击：如今的孩子和过去相比，有很大的区别，现在的孩子似乎更聪明，更有能力，小小的年纪，有时候说话做事情就像大人一样，让人惊讶，尤其是很多孩子在很小的年纪，就可以完成很多大人也无法做到的事情，这不仅是因为现在的孩子素质提高了，也因为现在的父母更“厉害”了，他们在孩子小的时候，就开始用丈量成人的标尺来要求孩子。

打开电视，我们会经常看到很多的“少儿选秀”活动，那些在舞台和荧屏上身着礼服、演唱流行歌曲的孩子日渐增多，三点式，露脐装，妩媚的表情，挑逗的眼神……让人难以想象这只是个孩子，甚至有些还是幼儿，他们以成年人的眼光和装束打扮着，表演着大人们表演的节目。虽然我们在赞叹这些孩子精彩的才艺，但同时也感觉很别扭和不自然。

这些可爱而聪明的孩子们，为什么被现实的世界改造成这副模样呢？孩子最美好的地方在于他们的本真，而不是对成人绝佳的模仿。现实中，人们喜欢把成人的想象带进儿童世界，以成人的审美标准去看待儿童，买衣服要超短裙，唱歌就唱“死了都要爱”，跳舞则是“S”形状的伦巴舞……

现在很多家长都想把自己的孩子培养成“小明星”，学各种技艺，唱歌、跳舞、主持，只要能让孩子朝着“明星”的路上走，花多少钱，费多少心血都不在乎。这种功利性质太浓厚的艺术教育形式，对孩子的健康成长极其不利。孩子就该有孩子的生活和成长，不必为了完成父母的心愿和梦想，而让孩子牺牲自己的童年作为代价。

美国学者波兹曼在《童年的消逝》一书中认为，现代传媒肆无忌惮地揭示了一切秘密，童年的纯真状态丧失了，儿童的羞耻感被冲淡，好奇心受到损害，而儿童与成人的界限也正在被模糊。更可怕的是，面对电影电视里被扭曲、妖魔化的成人世界，孩子会迷失方向，并在自己的精神世界中苦苦挣扎。

儿童文学作家秦文君在她的小说《一个女孩的心灵史》中写道：“大自然不需要早熟的果子，因为那是生涩的、不甜美的。人类需要渐渐长大的儿童，揣着童心的儿童样子的儿童，那才是长久的、健康的、醇美无比的。”

· Ⅲ　秋之韵：移情换位，收获生活中的教育智慧 ·

不同的家庭教育，不同的家长对孩子问题的看法和态度、处理结果也是不同的。家长在面对孩子问题的时候，怎样的认知水平，怎样的心态，怎样的分析判断，怎样的解决方法，这里面都体现出家长的智慧。细节决定成败。“山不辞土，故能成其高；海不辞水，故能成其深；人不积跬步，无以成千里。”智慧的家长，善于捕捉这些细节之处，善于从这些细小的地方去引导孩子，去教育孩子，这样才能达到家庭教育真正的成功。

在家庭教育中，我们做智慧型的家长，目的在于提高我们对孩子的认识，对孩子行为的辨析、判断和创造性地解决问题的能力。做智慧的家长，就是通过提高我们家长自身的内在素质和外在言行的统一，转变我们的教育行为，然后再用我们家长的行为去影响孩子改变，使家长的良好愿望在孩子身上产生积极的教育影响和教育效果，使家长和孩子在互相影响中能够享受到快乐，使孩子感受到父母的关爱，爱就是力量，这种力量就能成为孩子成长的动力，让孩子快乐地成长。

有智慧的家长一定是先懂得爱的家长。因为爱就是力量，爱就是纽带，爱可以改变孩子，爱就是家庭教育成功与否的关键。有些孩子得到父母充足的爱、支持、赏识，他们内心的力量就很强大，很有自信。而有些孩子因为缺少父母的关爱和支持，他们内心就没有力量，或者说力量越来越小。家庭教育可以成就一个孩子，也可以毁掉一个孩子，关键看我们的家长是否正确地科学地教育孩子、爱孩子。父母的过度保护是对孩子创造力和能力与自信最无情的扼杀。

有一位哲人说过这样的一句话：写在纸上的爱，一个早晨就可以读完；说在嘴上的爱，一转身就能忘记；而唯有我们老师的真爱和父母的真爱是写在大地和天空，永远和永藏在心底的。

我们都知道每一个孩子都是不同的个体，个性不同、性格不同、气质不同、家庭环境不同、家长的教养水平不同……没有完全相同的孩子，也没有用同样的方法教育好不同孩子的。但智慧的家长懂得维系亲情、维护孩子自尊、遇到问题，用智慧的办法来解决，也懂得用发展性的眼光等待孩子的成长，让孩子自然地成长。

第一章
尊重本身就是最好的教育

孩子再小，都可以感知到父母对他的关注。当孩子越长越大，他需要父母的尊重。尊重孩子，尊重孩子的隐私，而不是随意闯入孩子的心灵世界，破坏孩子和父母之间原本有的融洽关系。孩子需要父母的尊重，需要父母聆听他们的声音，给他们发表意见的权利，让孩子感觉到自己也是家庭中重要的一员。在父母教育孩子的过程中，吼叫越少，孩子越喜欢，教训越少，孩子越幸福。尊重孩子，也尊重孩子成长的规律，让孩子自由地成长，自然地成长。

第一节 尊重孩子，勿滥用“爱的名义”

别用关心“折磨”孩子

观点碰撞： 很多妈妈总是害怕孩子饿着，就不分具体情况地强迫孩子多吃；因为害怕孩子冻着，总是让孩子比别人多穿一层；因为害怕孩子累着，总是替孩子包揽一切，穿鞋、背书包、叠被子……妈妈们太辛苦，总是害怕自己对孩子不够关心，却从来不去关心孩子是否需要这些“关心”。

曾经有这样一个故事：一位汪女士是省级著名的营养专家，她根据孩子的生长发育精心制订菜谱，可是，孩子的生长发育并不像她期望的那样。孩子和同龄人相比，长得又瘦又小，根本不像是10岁的孩子。并且，孩子的脾气暴躁，性情孤僻。

营养专家也养育不好自己的孩子吗？原来，汪女士精心地去制订菜谱，非常讲究科学：每天什么可以吃，什么不能吃，吃多少的量都做了明确严格的规定；每一周的食谱和要求都贴在厨房和孩子的房间里，时刻提醒着孩子。孩子吃不到规定的标准，父母就不肯罢休，一定要想办法让孩子“完成任务”。育儿行家对这位营养专家的做法的评论是：他们的方法如果用于生产一架机器或培育一株稻谷，肯定会成功，可惜父母面对的是一个有独立意识的孩子。

孩子是一个独立的个体，有着自己心理的情感需要。我们不能否认这位妈妈的出发点是好的，她是为了孩子能拥有健壮的身体，才在生活上对孩子关怀备至，并且还建立出一系列的规则，让孩子定时定量去完成。但是，殊不知，除了吃饭，孩子还有自己的需求，还有生理之外的需求。心理学家通过对儿童成长的观察和研究，得出了这样的结论："在儿童成长的过程中，最为需要的，不是人们普遍认为的充足的食物，而是爱和关怀。"

如果妈妈把精力都集中在孩子的生理需求上，而对孩子更高层次的需求却漠然视之，必然对孩子良好个性的发展有负面的影响。优秀的母亲不会仅仅满足喂饱孩子，还会了解到孩子是否需要某些营养，是否愿意接受这些营养的吸收。孩子不是试验品，不能用看似"科学"的方法来"科学"地养育，有时候，妈妈们过度的关心，对孩子而言，却是一种折磨。

过高的期望会"压垮"孩子

育儿智思：早在20世纪20年代，美国心理学家罗森塔尔等人的研究就发现，受母亲期望的孩子在若干年后发展得比其他孩子好得多。但是，这种期望是对孩子的赞赏、鼓励、支持和对孩子成长的关注，而不是对孩子提出过高的要求。但妈妈们总是会不小心就犯了这样的错。她们往往会不顾孩子的实际情况，揠苗助长，扼杀了孩子的天性。

两千多年前，有人问柏拉图："什么样的教育是最好的教育？"这位智者说："最好的教育就是那种使得体魄和心灵尽可能地得到美的熏陶，尽可能地臻于完善的教育。"然而，"美的熏陶"早已被各个"英语班""奥数班"所替代，即使是代表美的"舞蹈班""绘画班"，也公然被罩上了功利的色彩。

俗语说："可怜天下父母心。"如果父母把对孩子的期望转化成行动，努力为孩子提供良好的学习环境、与别的孩子相同甚至是高于别的孩子的学习机会和条件。不用父母再说什么，孩子也会去努力学习，并在心里暗暗发誓要努力进取，不辜负父母的期望。父母对孩子的正确期望不是说出来的，而是做出来的。

心理学上有这样一个规律——期望值越高，失望值越大。期望值适用，才会令人产生很强的满足感。这个规律用在家庭教育方面也同样适用。如果父母对孩子的期望值很高，那么即使孩子取得了一定的成绩，父母往往也看不到，而且永远都不会对孩子所取得的成绩产生满足感，并且很容易就会对孩子失望。

如果父母能够把期望值放低点，那么他们不仅自己心里会舒服很多，更会惊喜地发现，自己的孩子竟然这样优秀。当父母把更多的鼓励和表扬，以及信任传达给孩子时，孩子才能向着更优秀的方向努力和发展。

如果父母希望孩子取得一个好成绩，也不能急于求成，而是要一步步来，每次只要求孩子进步一点点，这样孩子就不会感觉到有压力。在父母这种慢节奏的期望下，孩子总有一天会取得一个令他自己满意的成绩。

第二节　动什么也别动孩子的“隐私”

你刺探过孩子的隐私吗?

问题直击: 每一个孩子在成长的过程中,总会遇到被父母刺探隐私的事情，有的父母处理得很好，尊重孩子的隐私，给孩子自由的心灵空间。但也有的父母却不懂得尊重孩子，总认为偷看孩子隐私是为孩子好，即使这些父母的出发点是好的，但这种行为本身是有问题的。

“我最讨厌的事情，就是爸爸妈妈偷看我的日记，偷听我的电话。我觉得他们看我就像看贼一样！这样下去，我觉得自己和他们的隔阂越来越大，甚至不愿意和他们交流了。”一名初二学生诉说了自己的苦恼。

这个学生的心声并不是个别现象，很多孩子在“隐私”问题上都深有同感。随着年龄的增长和独立性的增强，他们开始有了自己的一些“秘密”，日记就变成了孩子倾诉的“朋友”。但很多父母以对孩子“负责”和“关心”为由，想方设法翻看孩子的日记，偷听孩子的谈话，殊不知，这些父母的做法却正是孩子们最反感的行为。

刘女士的孩子在一所小学读四年级，当孩子发现妈妈偷听自己的电话后大为恼火。而刘女士却振振有词地说：“现在社会上很乱，不听你电话怎么能知道你都结交一些什么人啊？家长就要有家长的监护权，我们这样做，都是为了你好啊！”

对于孩子与家长之间存在的这种矛盾，家长偷看日记、偷听电话这些行为，其实都是对孩子关心不够、缺乏信任的表现，容易造成孩子对家长的不满情绪，产生新的沟通障碍，这实质上反映了目前家庭教育的缺失。

家长或老师在侵犯了孩子的隐私权的同时，也对他们的心理造成了很大伤害。如果长期下去，可能还会使孩子患上抑郁症，甚至出现性格扭曲，原本浓厚的亲情也会淡薄很多。

所以，父母应尊重孩子们的隐私权，不要轻易去动孩子抽屉上的锁，因为它是用来珍藏孩子的“秘密”的。如果强行打开，孩子心灵的大门就会从此对父母紧闭。父母应该平视孩子，走近孩子，多与他们沟通，了解他们的内心世界，解决他们的烦恼，给他们一片快乐、纯净的心灵空间。

允许孩子有秘密

观点碰撞：进入少年时期的孩子，也开始进入人生的“心理断乳期”。在这期间，孩子的社会经历大大增加了，接触到更多的事物，内心世界也变得丰富起来，独立意识和自我意识也得到增强，不再总是依赖父母，而是努力寻求和展示自己的小天地，有了自己的想法和对未来的向往，也就有了自己的隐私。

对于孩子的隐私，有的父母如临大敌，千方百计地侦察，比如翻抽屉、看日记、私拆信件等等，甚至有的父母还打骂训斥，逼迫孩子坦白，殊不知，这种做法只会伤害孩子的自尊心，给孩子造成了沉重的精神压力，也会使孩子产生敌意，变得开始反抗和对抗父母。孩子会进一步采取防范措施，导致父母与子女关系恶化。

理智的做法是允许孩子有自己的小秘密，尊重孩子的隐私，给孩子一个自由的空间，也为孩子能深藏一份隐私创造条件和环境，使亲子之间的关系更加融洽。父母如果采取比较理智的做法之后，孩子的心理需求得到满足，反而愿意倾吐自己心中的秘密。

尊重孩子的隐私，并不意味着放弃教育孩子的责任。须知心理断乳期是孩子心智发展的一个脆弱期，在这一时期，孩子的自主、自尊意识增强了，但正确的观念还没有建立，想要独立却又不知道如何独立，想自由也不知道怎样才是自由，心理意识复杂又充满矛盾，还不是一个理性的人，所以对于孩子的隐私，也要给予积极的引导。

首先要做孩子的朋友，以平等的态度多与孩子交流。父母可以谈谈自己年少时代的所思所想，自己的成功经验和挫折经历，也可以和孩子谈谈自己小时候的隐私，达到和孩子在情感上的沟通，要在家庭中营造民主、宽松的气氛，让孩子真切地感受到父母的关爱，把父母当作可信赖的朋友。

其次，要培养孩子的自律自勉能力。即使发现孩子有不良倾向和越轨的思想行为，也不要大惊失色，甚至有的父母太过急躁，会殴打辱骂，这个时候要冷静下来，应该多和孩子交谈沟通，与孩子一起探讨理想、事业、人生等问题，引导孩子自己悟出很多道理来，也给孩子时间，让他慢慢调整自己的观念和行为。

保护孩子的隐私就是保护孩子

育儿智思：任何一个社会都有可能产生侵犯孩子隐私的行为，所以孩子的隐私更加需要得到特殊保护。父母首先要知道，侵犯一个人的隐私是违反法律规定的，即使现在尊重孩子隐私是如此公开和普遍，但很多父母仍然无视孩子的隐私保护，这是需要家长思考和反省的。

丝丝是一个心思细腻又敏感的姑娘，刚上初中，语文老师经常夸奖她文笔很好，写得一手好文章。她的妈妈知道自己的女儿这么优秀，很高兴，对她更是疼爱有加，关怀备至，只是妈妈对她管得很严，让她感觉很压抑。有一阵子，丝丝情绪反常，成绩也一直在下滑，妈妈问她原因，她也不说。着急的妈妈鬼使神差地进入丝丝的房间，查看了她的抽屉，还翻看了她的日记本。

看完日记，妈妈才明白，原来丝丝喜欢上了班上的一个高大帅气的男生。年纪这么小就早恋，而且还写在日记本上，这让丝丝妈妈很生气。丝丝回家后，妈妈就把日记本给丝丝，还对她大发雷霆，说一些很难听的话。

丝丝很气愤，也很激动，但妈妈看女儿居然还顶嘴反抗，扬言要把日记本交给学校的老师，这一切让丝丝心理遭受了极大的创伤。加之丝丝原本就是一个敏感脆弱的姑娘，当天晚上，她跳楼自杀了。事后母亲追悔莫及，但一切已经晚了。

据一个在全国大、中城市的中小学生中的调查表明：有超过30%的家长经常检查自己孩子的日记和通信，并且他们并没有意识到这种行为是违法的。一些家长认为他们偷看孩子的日记，才能够了解孩子最真实的状态，然后才能因势利导，采取切实有效的对策，同时不让孩子知道日记被人看过。

这些家长似乎犯了两个错误：第一，采用“侦探”的手段了解孩子的情况并用欺骗的手段隐瞒自己的做法，无论家长的动机是如何为孩子好，但家长的这种做法是错误的，也是违法的。第二，无论家长做得多么隐秘，孩子肯定会知道的，而且大人们也不知道甚至无法想象，孩子因为隐私被偷看受到了多么大的伤害。在调查中，发现有很多孩子在被父母偷看隐私之后，也做过一些过激的行为，比如离家出走甚至更为严重的情况。

每一个人的隐私被别人看到，心理都不会舒服，而且孩子年纪还小，经历也有限，当他面对这种情况时，受到的伤害会比成人更大。父母在养育孩子的过程中，首先是要保护孩子，避免受到各种伤害，尤其是心灵上的，因此，父母保护孩子的隐私也是保护孩子，而不是做相反的事情。

第三节 鼓励孩子发表自己的意见

原来的乖孩子去哪了？

育儿智思： 很多家长都有这样的感受，当孩子渐渐长大，原来的乖孩子变得越来越不听话了，而且常常和爸爸妈妈“对着干”了。孩子没有以前温顺听话，而且还有很多自己的主意，这让很多家长都不习惯，认为孩子越大越难管，却不知道，孩子有自己的意见是孩子成长路上一件大事。

其实孩子有自己的想法，想自己拿主意有什么不好呢？从小，我们的教育模式就是要教养出听话的孩子，很多孩子一出生就被父母固定在一个事先已经安排好的模式中，孩子就是孩子，家长说了算。这样的教育模式，容易让孩子在遇到困难的时候常常手足无措，缺乏基本的自理能力。稍稍遇到一点困难便迫不及待地向父母求助。

让孩子早点学会拿主意，给他们发表意见的权利，实际上对孩子将来的成长有很关键的意义。尽管孩子表示要“自己拿主意”的事往往是些无关紧要的小事，但对孩子的成长来说却是十分重要的。

随着孩子年龄增长，独立思考意识越来越强，当他们认为不对或不合理的时候，会选择用顶嘴来反对家长的言行，这是他们想要自己拿主意的“前奏”。孩子经常顶嘴，原因主要有以下几点：其一，孩子的独立思考意识正在增强，说明孩子长大了。这就提醒家长在今后的生活中要适当注意言行，以免自己的言行对孩子造成不良影响。其二，可能是家里大人平时过度溺爱，导致孩子一切以自我为中心，当其认为家长的言行与平时的溺爱不一样时，潜意识里会产生“反抗”，以此提醒家长要一切以“我”

为中心。其三，可能是家长固有的教育方式已不适应于日益接触新事物的孩子了。孩子年龄增长，会不断接触更多的新鲜事物，如果家长不与时俱进，教育理念自然会被孩子拒绝，顶嘴也就不可避免了。

对于孩子经常顶嘴，家长们在冷静分析原因之后，找出解决之道，不应一味地焦急。首先给孩子发表自己意见的权利和机会。家长不应对孩子顶嘴一味封杀，而应适当给孩子一定的说话权利，给孩子发表自己意见的权利和机会。只有当孩子清楚表达自己的意见之后，家长才能因势利导，从根本上了解孩子的内心，进而解决成长的难题。

尤其重要的是，在孩子情绪大发之时，切忌针锋相对，一定要冷静、耐心。但如果孩子经常顶嘴或者完全是无理取闹，等孩子冷静后，要严厉批评孩子，严肃教育孩子要懂事理。总之，对于孩子的顶嘴现象，我们不可一味地针锋相对，以“大棒”威吓，更不可一味迁就，要根据具体情况选择“胡萝卜”或“大棒”。

孩子也有话语权

观点碰撞： 在生活中，有些父母认为孩子还小，不需要让他们参与家庭中的一些活动或者决策，这是一种直觉的认识，也是一种习惯。这里面存在误区，孩子虽小，但也是家庭成员，父母在做决策的时候，应该给予孩子充分的尊重，给予孩子话语权。

在一家家具商城，一家三口正在选购沙发。爸爸看中了一套小巧玲珑的沙发，认为它所占的空间小，可以让客厅看起来宽敞一些。但是他女儿却提出了反对意见，她说这种小沙发坐上去不舒服，而且自己非常喜欢坐在沙发上看电视或者玩玩具，因此让爸爸一定要买一组大而舒适的沙发。

旁边的服务员自顾自地介绍，她完全没有把那个女孩子的话当回事。在这个家庭中，女儿只有四五岁，可是在父母的眼中，却认为她是一位重要的家庭成员，因此在最后决定买什么类型的时候，父母给予孩子充分的尊重，让她可以自由地发表自己的意见。最后女孩子的父母让服务员按孩子的意思领他们去看宽大一些的沙发。

上文中的父亲的做法值得借鉴。在教育孩子的过程中家长们应有意识地改变观念，在家庭生活中采取民主的态度，注重给孩子自主权，经常倾听孩子的观点，让孩子在家庭决策中起一定作用，有意识地培养孩子的自主行为能力。

但是，不幸的是，很多父母并没有意识到这一点，孩子就像是他们手中的提线木偶，失去了话语权，只能听从父母的安排。家长忽视孩子的发言权，漠视他们的权利，那么久而久之，孩子就会自动放弃争取自己的权利。而那些尊重孩子的父母，通常情况下会蹲下来，注视着孩子的眼睛，认真聆听他们的意愿，与孩子商量办法，共同决定孩子的生活。这样的孩子，得到大人的重视和尊重，自信心和沟通能力、人际交往能力往往高于那些在家中没有话语权的孩子。因此，话语权就算是对不懂事的孩子，也是非常重要的。

在日常生活中，要注意留给孩子足够的“高质量”的相处时间。在这段时间里，家长要和孩子真诚地进行交流，懂得孩子心中所思所想，尊重孩子的意愿，了解他们的愿望，同时，给予他们话语权，孩子虽小，却依然可以感受到父母对他的尊重和爱。

第四节　零吼叫，保护孩子的“面子”

孩子也要“面子”

育儿智思：古训说：“堂前训子，背后教妻。”意思是教育孩子可以在大庭广众下进行，不用给孩子留面子，但教导妻子则要照顾她的面子，要在众人看不到的地方。在这种传统思想的影响下，有的家长就认为孩子有错误就该立刻批评，不管有谁在场？甚至还认为，批评孩子就应该在众人面前，这样孩子就可以长记性，不会再犯错误了。

育儿专家表示，孩子也需要“面子”，“堂前训子”不仅达不到教育的目的，还可能伤害孩子的自尊心和自信心。

王女士去参加朋友聚会，带上4岁的儿子茂茂。恰巧朋友的另一个孩子小文也来了，两个小伙伴一下子就打成了一片。晚饭时，茂茂有点笨拙地夹起一块鸡腿，正要往嘴里送时，他的小手一歪，整个鸡腿掉到了衣服上，随即又掉到了地上。见到此景，王女士一股怒火冲上头顶，大声地责备茂茂：“你怎么那么笨，刚给你换的新衣服！你看人家小文怎么不掉东西？”听了妈妈的训斥，茂茂顿时感到很难过，强忍着眼里的泪水。遭到妈妈的训斥后，茂茂就怎么也不肯吃菜了，只顾低头吃自己碗里的饭。任凭妈妈如何给他夹菜，他就是不吃，以这种方式表示抗议。

孩子与成人一样，是独立的个体，是有尊严的人，需要与成人一样被尊重。如果家长当着很多人的面训斥孩子，孩子会产生抵触心理，即使知道自己错了，但在心里也不会接受。在外人面前训斥孩子、强迫孩子做自己不喜欢的事、揭孩子的短处等，这些行为会让孩子幼小的心灵产生挫败感和羞辱感，给孩子的心里留下阴影。此外，常常在外人面前受到家长批评的孩子，还会缺乏安全感以及对父母的不信任感，从而疏远与家长的关系。

当孩子无意间犯下错误，或是偶尔提出无理要求时，作为家长要知道，教育孩子的最终目的是让孩子认识错误并改正错误，而不是让孩子无地自容。在公共场合，只要不是必须立即制止的错误，还是要给孩子留足面子，过后再换个机会"堂下教子"。孩子在外人面前犯错时，可以先用温和的语言进行教育，用商量的语气制止孩子的错误行为。等到了"堂下"，再与孩子讲道理，让孩子明白自己的错误，不要随意用粗暴的方式对待孩子。

爱护孩子面子，还要注意不要宣扬孩子的错误。带孩子外出碰到熟人，面对朋友对孩子的夸赞，很多家长会担心孩子听到后会洋洋自得，于是刻意在孩子面前向外人数落他的不是。在这种场合下随意数落孩子的缺点，不仅不能达到控制孩子骄傲的作用，反而会伤害孩子的自尊心和自信心。

孩子的尊严"碰"不得

观点碰撞：尊严，有人说它不重要，有人说它很重要，重要到不惜以生命来捍卫尊严。不仅大人要尊严，孩子也有尊严，孩子的尊严和大人一样，都是不可侵犯的。父母在养育孩子的过程中，也要维护孩子的尊严，当孩子的尊严受到侵犯的时候，对孩子的心灵将会产生极大的消极影响。

一个人最宝贵的是尊严。对一个孩子来说，最害怕的不是棍棒、拳头，而是失去面子、失去尊严。当你知道孩子偷了东西，但还不能确定时，请你要保持冷静，千万不要冤枉孩子；而当你已经有证据确认孩子犯了错误时，请一定给孩子留点儿面子，孩子会为此感激你一辈子！

作家梁晓声写了一篇文章《橘皮》。梁晓声上小学时，家里十分困难，父亲又患了哮喘病咳得很厉害。他听说橘皮能治哮喘病，便偷偷拿走了教室窗台上晾的干橘皮。老师发现了这件事，一直替他保密，没有对别人说起。

梁晓声说，他从内心里感激这位老师，这种感激之情持续至今，鼓励着他用一生的努力来回报社会。对待孩子，没有比保护他的自尊更重要的事了。

一般来说，人格教育十分重要，它可以开发人的良知和才能，使其身心得到全面成长与成熟，从而去实现成功人生的理想。如果孩子的人格从小受到伤害，那对他的一生都会有恶劣的影响。

尊严是人类灵魂中不可糟蹋的东西。有一位作家曾经说过："人受到震动有种种不同，有的是在脊椎骨上，有的是在神经上，有的是在道德上、感受上，然而最强烈的、最持久的则是在个人的尊严上。"一个从小失去尊严的孩子，长大后很难堂堂正正地做人，很难拥有健全的人格。

第五节　惩罚少了，不等于姑息就多

教育在前惩罚在后

问题直击：有的小孩为了让大人给自己买下想要的东西，千方百计，有的会向大人乞求，大人买就买了，没有买，小孩也只是不高兴，倒也没有追着不放的意思。有的孩子喜欢打滚撒泼，不买就躺在地上不起来，哭着喊着非要达到目的。这样的孩子，父母买给他，以后就不得了，得不到想要的东西就会这样；说不买，孩子闹成那样，父母也于心不忍，这样的情况，父母该怎么办呢？

有一次，在一个小卖部前面，有好多东西都放在外面的摊子上，可以随便看。这时，有一个老太太带着孩子也在买东西。那个孩子想要一个悠悠球，老太太说，家里已经有一个了，回家拿就行了。孩子不答应，说家里那个和这个不一样，就要这个。老太太不买。那个孩子竟然拿起那个悠悠球就跑了。老太太追不上，只好先把钱给了小卖部的老板，再去追孩子。

这个孩子拿起别人的东西就跑，是一种比较“恶劣”的行为，家长们要防止自己的孩子不要再犯这种错误。我们不提倡惩罚，但面对孩子的错误，也不能姑息，要讲教育的艺术和技巧，用各种办法来实现教育的目的。

首先，我们要接纳孩子，要以了解具体情况为前提。无论孩子做了多大的错事，父母们自己先要静下心来，对孩子说：“我知道你现在心里不开心，能告诉我是为什么吗？”父母们这么一说，孩子就对大人产生了信任感，感受到父母们对自己的理解，很自然就承认自己的过失。要了解孩子具体做了什么错事，更要弄清楚他为什么会这么做，可能在某些现象背后孩子确实有自己的道理。

对待孩子要宽容真诚，孩子年龄小，是非观念不强，情绪容易波动，他们往往在做事的过程中不断调整自己以符合规则，因此不必把他们的错事刻意夸大。比如几个孩子凑在一起在公共场所大声喧哗；看见饭桌上好吃的菜就要夹来自己吃……对于这些现象，父母亲要宽容处理，向孩子说明并示范正确的行为，做出榜样，不要刻意用“捣乱”、“没礼貌”等严重的词语给孩子“定罪”。

教育孩子要晓之以理，无论对孩子惩罚与否，在此之前都要说理。说理要就事论事，简明直接，用孩子能理解的话来讲。

如果孩子做出了无理取闹的行为，例如无端发脾气、无端哭闹等，最好的办法是父母亲故意不予理睬，只顾做自己的事情。孩子做出这些行为，主要是为了吸引大人注意或提出要求。一旦他们发现父母亲不吃这一套，自然也就不再哭闹了。故意忽视切忌半途而废，最终向孩子妥协。他们一旦得逞就更觉得这一招有用，以后还会变本加厉。

惩罚并不见得就是训斥、罚站、关房间等，还可以惩罚孩子收拾盘子、自己洗袜子、打扫房间等等，通过做家务劳动等形式来让他意识到自己的错误行为是需要付出代价的，同时，也锻炼了孩子的自理能力。

及时纠正孩子的坏习惯

育儿智思：在生活中，家长会发现孩子有些坏习惯，看着可能很小，很容易被父母所忽视，这些习惯一旦养成就很难改正了，所以爸爸妈妈要留意一下孩子日常中是否有不良的习惯。要及早发现，及时教育和纠正，在这个改正坏习惯的过程中，也可以有意识地培养孩子养成好习惯。

绝对不能姑息孩子的坏习惯，父母应该有意识地从小就注意，并及时采取措施让孩子改正。下面的这些坏习惯，在养育孩子的过程中，很普遍很常见，父母应当对孩子的这些表现予以注意。

一、打断大人讲话。孩子可能有时会很兴奋想要告诉你一些事情，但如果总是允许他在你讲话的时候打断你的话，可能会让孩子感觉他是拥有特权去取得别人的注意，而且不能忍受别人不理会他，以致日后可能会以自我为中心。这个时候，如果孩子跑过来缠着你讲话，你可以指着凳子让他过去坐并且在你结束讲话前都要保持安静；如果你要打电话或见朋友的话，告诉孩子要保持安静并且不要打扰你，然后给他安排另外的活动。

二、孩子装作没有听到你说话。如果孩子在那装样，就不断给孩子重复或提醒你的要求、指挥，会让孩子养成等待你的提醒，而不是留心你所说的话，渐渐地还会发展到不理会你说的话。如果这种习惯继续下去，他可能会变得目中无人，不会尊重别人。面对这种情况，家长尽量不要远距离跟孩子说话，走到孩子前面跟他说清楚你的要求。当你说话的时候，要求孩子看着你，并要有所反应。

三、态度轻浮。你的孩子是不是有边跟你说话边做鬼脸或用很轻佻的态度跟你说话的情况呢？这个也很正常，很多孩子尤其是小孩子会有这些行为，他们的目的是要测试一下父母的反应。很多父母可能会忽视这些行为，觉得孩子还小，现在只是过渡阶段，但如果你不让孩子尽快改正，他可能会很难跟别人好好相处。面对这些调皮的孩子，一定要让孩子意识到自己的行为是不当的。例如孩子在你说话的时候翻白眼，你可以告诉他，这种行为表明他不喜欢你所说的话，你可以停止跟他说话并走开，然后跟他说当他态度变好的时候才会跟他说话。

四、夸大事实。你可能会觉得孩子在别的孩子面前吹牛不是什么大问题，但对于这种现象应该尽早从源头截住。因为如果孩子发现说大话会令自己感觉舒服一点，他很快就会养成经常讲大话的习惯和推卸责任等。当孩子撒谎的时候，你应该静下心来跟孩子说清楚说谎的坏处，让他明白大话讲多了，别人可能会不再相信他说的话。同时还要了解清楚孩子说谎的目的，要让他明白即便是说谎他的目的也不一定能够达到。纠正这种现象，讲故事是一种很好的教育方法，特别是对比较小的孩子。

第二章

无为而治，父母也需高EQ

顺应孩子的天性，让孩子按照自身的自由和规律健康地成长，以“无为而治”的手段达到“有为家教”的目的，这是家庭教育的最高教育。“无为而治”并不是父母对孩子的放任不管，在教育上无所作为，而是顺应孩子的天性和兴趣，因势利导，不去强迫孩子，给孩子充分的时间和空间，来自在地成长。给孩子一个欣赏的眼神，让孩子感受到父母对他的信任和期盼，还孩子自由的空间可以自由地玩耍。开门欢迎孩子的玩伴，让孩子拥有一个轻松而快乐的童年，父母不干涉，孩子也可以享受到成长的乐趣。

第一节　学会做孩子的知心朋友

两种角色，一颗童心

育儿智思：想成为孩子的好朋友，心态是最基础的。与孩子在一起的时候，爸爸妈妈应该告诉自己“我也是个孩子”，保持一颗童心，这一点很重要。只有这样，爸爸妈妈才能从孩子的角度去看、去想，与孩子打成一片，成为孩子的好朋友。

父母要关注孩子的需要，要细致深入地了解孩子，关注孩子的需要。不仅是从语言上，还要从他们日常的行为中去感受孩子的内在需要、潜在需要。

在与孩子的沟通中，爸爸妈妈要记住，尊重孩子的看法，孩子也是一个话语主体。所以，在和孩子交谈的时候，不要只顾表达自己的想法，还要认真对待、尊重孩子的看法，并与孩子进行良性的互动。

试着体会孩子的感受，这样和孩子交流的时候，会很顺畅，因为孩子觉得你懂他。当孩子在外面受了委屈、与好朋友或心爱的宠物分离时，他细腻的小心灵会难过半天。父母却只是一味地告诉他“没关系，坚强一点”，“这没什么好难过的”，会让孩子觉得父母一点都不能体会他的感受，若父母说：“你很难过吧？我要是你也会有这种感受的。”相信会有截然不同的效果。

如果父母净说些孩子无法理解的话，或提出一些孩子达不到的要求，相信不但孩子觉得辛苦、压力大，亲子间对话也难以维持和继续，要了解孩子的发展程度，有时候他真的是听不懂你说的话，要随时关注孩子，关注他的一丝一毫的变化。

孩子提出问题时，应先了解其真正含义，认真回答孩子的问话。对于孩子所提的知识性问题，父母要慎重回答，或带着孩子一起寻找答案，这样避免用负面意义的说话语气：不能用“我命令你……”“我警告你……”“你最好赶快……”“限你在五秒钟内……”“我数到一、二、三……否则……”“你应该……”“你真笨”“你好坏”“你太让我失望了”“不可以……”等带有指挥、命令、警告、威胁、责备、谩骂、拒绝等负面意义的说话语气。

经常变换新鲜的话题，能引起孩子的兴趣，例如：“你猜猜看今天我发生了什么事？”“你知不知道为什么小孩子最喜欢恐龙？”“如果有一天，太空人真的来到地球……”等问题，相信会比“今天过得好不好？”“快乐不快乐”更能引起孩子的交谈兴趣。

亲子交谈的题材，往往来自生活之中，因此培养孩子一颗敏锐、好奇的心是很重要的。充实孩子的生活经验，父母可以带着孩子观察身边的各种事物，如身边的花花草草，路上车子的颜色、造型、品牌，街上行人的穿着打扮、说话内容、百货橱窗、林林总总，都可以作为谈话的素材，孩子的观察力会自然而然地提高。

朋友般的父母最伟大

观点碰撞：天下的父母，都想把全世界最好的东西，双手捧着送到孩子的面前。其实，对孩子来说，比起物质上的富足，父母在精神上的陪伴与理解更会让孩子感到满足。孩子是很单纯的，他们的需求也不像大人那么复杂，只要父母愿意和孩子做朋友，那就是孩子很大的幸福了。

我们总提倡对孩子要用“爱的教育”，大多数父母想成为孩子的朋友，而非家长。但是，做孩子的朋友并非那么容易。

现在城市的孩子多是独生子女，他们在家庭中没有同龄的朋友、伙伴的陪伴，这使得大多数孩子的成长变得单调而孤独，父母们要充当他们成长过程中的玩伴，但孩子并不需要一个大自己二三十岁的玩伴，而是需要一个能和他想到一起去，欣赏他的创意与花招儿的“大朋友”。

简单而粗暴的家长式教育已经过时了，新时代的父母应该学会倾听孩子、理解孩子，多和孩子相处，陪孩子一同成长，而不是简单的“管教”。父母应该放下自己的架子，把孩子当成朋友来对待，当你与孩子对同一件事情的看法产生矛盾时，应该坚持以理服人，而不要以父母的权威来压制孩子，那么你就更容易成为孩子的朋友了。

爱是一种互动的过程，教育的形式也可以多种多样，父母不一定要高高在上，而应该多和孩子接近，多倾听他们的声音。跟孩子分享父母成长中的小故事，也跟孩子说说你在生活和工作中的失意之事，一样可以从孩子那里得到理解和尊重，一样可以让孩子明白做人的道理。

是孩子让我们体会到作为父母的喜悦，让我们的生活充满了欢乐，爱孩子就做孩子的朋友，陪伴孩子在平等与尊重中快乐健康地成长，让孩子体会爱与被爱的滋味，他长大后走进社会会以一种包容、乐观的心态来面对他人，孩子将会更加乐于与人接触，也会更懂得爱。

家长朋友们，多陪陪孩子，无论多么忙，都要和孩子一起玩，平等地和他们谈心；不要以为把孩子送到学校了，一切就都是老师的事情，家庭也是孩子成长中很重要的一个场所，父母是孩子一生中最重要的人，也是很重要的“老师”，父母教会孩子的东西并不比学校的老师少。

第二节　孩子，我也崇拜你

谁说孩子不可做父母的老师？

育儿智思：孩子也能教会父母成长，咦，你可能会说，每天大人在教育孩子，哪里轮得到他们来教大人？有句话说：“问问孩子们吧，孩子刚从上帝那里来，孩子知道一切。”其实，我们能从孩子身上学到的东西太多了。

是孩子教给我们倾听。能听懂的，不一定是合理组织过的语言。孩子刚刚出生，唯有用呀呀呜呜或者号啕大哭来表达情绪，也许是：“妈妈，我饿了。”“怎么没有人来抱我呀？”聪明的妈妈这个时候学会了倾听孩子的表达方式，他到底要什么，是呜呜两声继续睡觉；还是不舒服要起来。我们对待孩子的情绪流露的典型反应是迅速采取措施，帮助他马上恢复平静，孩子教会我们倾听的意义在于：倾听对方没有说出来的话。

是孩子教给我们信任。“孩子这个别动，那个别动，给爸爸拿，让奶奶来。”“哎呀，孩子不准拿玻璃杯！来，给你塑料的。”谁都可能犯错误，成人摔坏了杯子，一笑置之，孩子摔坏了，大惊失色，聪明妈妈不会在孩子摔破杯子的时候，急忙一边打扫一边教训，而是指给孩子看：“你看，杯子不放好会摔坏；杯子摔坏了碎片会割伤手，危险，不能自己去摸，要请爸爸妈妈来打扫；杯子摔破就不能用了，很可惜，所以下次要小心。”信任是放手给孩子生活探索、学习体验的自由。

是孩子教给我们等待。天空耐心等待每一场雨，森林耐心等待每一个春季，大海耐心等待每一次潮汐，我们怎么会没有耐心，慢慢等待孩子成长呢？孩子的成长是一个缓慢的过程，我们再渴求速成，也只能慢慢等待孩子长成大人，这个过程，既是一种折磨，也是一种享受，享受孩子给我们带来的幸福感。

是孩子教给我们表达。“再这样……我生气了！”“安静！不要吵！”“有什么好哭的？你就是不坚强的孩子。”“你如果不……，妈妈不喜欢你了。”聪明妈妈不惧怕向孩子提出反对，也坦然接受孩子的反对和意见的不同，平静对待孩子的愤怒情绪，如“我爱你，但是你不能以哭闹来要求我这样做。”“真令人遗憾，来，让妈妈好好抱抱你。”爱是发自内心和顺其自然的，不是为了孩子有利于你控制或者达到你未竟的梦想，于是我们学会用发自内心的爱来和孩子交流，与孩子一起成长。

是孩子教给我们学习。也许你经常看见这样的场景：来客人了，爸爸说：“孩子，给叔叔背诵一下古诗《锄禾》吧，那《过故人庄》你不是也会背诵了吗？”孩子每学习到一个新东西，就乐得咯咯笑，他们时刻都在学习，而不去惧怕“学习”本身，在学习中孩子自己找了很多的乐趣。于是我们知道了，我们也需要向孩子学习，学习那种单纯的学习热情和享受这种学习带来的乐趣。

父母的欣赏是孩子的幸福之源

观点碰撞：当我们拿起鲜花送给别人时，首先闻到花香的是我们自己；当我们抓起泥巴抛向别人时，首先弄脏的是我们自己的手，这就是人们常说的“送人鲜花，手留余香”。你在欣赏孩子的同时，也会给自己带来愉悦。作为父母，要无条件地爱孩子，永远相信你的孩子或学生会成为一个好孩子、一个好学生。每个孩子都有巨大的潜力，只是需要我们去发现、去欣赏、去激励，而不是去漠视、去扼杀，相信“好孩子是夸出来的”！

有这样一个故事：一位教师在给学生批改作业时，发现一个学生的书写极其糟糕，字迹大小不一，歪歪倒倒。老师非常生气，想给他的作业定最低等。就在老师准备挥毫而就之际，他突然发现其中有一个字写得还不错。于是他改变了主意，将那个字用红笔圈了起来，并在旁边写了一句评语：

这个字写得真好！

孩子回到家，将老师批改的作业交给她的妈妈检查。在看到孩子作业的第一眼，这位母亲也和老师一样感到非常愤怒，脸绷得紧紧的。但当看到老师圈出的字和给出的评语后，她转怒为喜，亲切地对孩子说：“女儿真棒！要是所有的字都像那个字该多好！”就是这么一句简短的话语，却改变了一个孩子的不良习惯，甚至影响了一个孩子的人生。之后，老师和家长都惊奇地发现，孩子爱上了习字。两年后，这位在班上字写得最烂的学生，竟获得了市中小学生书法大赛二等奖。

我们在唏嘘感叹的同时，不得不佩服这位老师和家长带着欣赏的目光看孩子的教育方式。用欣赏的目光看孩子，及时给予孩子赞美的语言，满意的点头，会心的微笑，轻抚的鼓励，孩子常常会因此创造出一个奇迹。

然而，在现实生活中，许多家长却不能很好地控制自己的情绪，用欣赏的目光看孩子。对待孩子总是喜欢吹毛求疵，鸡蛋里挑骨头。对孩子不当的行为总是喜欢横加指责，挖苦讽刺。

俗话说：尺有所短，寸有所长。再优秀的孩子身上也有缺点，相反再顽皮的孩子身上也会有优点。我们家长一定要学会用欣赏的目光去看孩子，发现孩子身上的闪光点，并将这个闪光点放大，逐步影响孩子其他方面的缺陷，使之积极健康地成长。

肯定孩子，欣赏孩子，就是让孩子知道我们看到了他们的进步，如果我们肯定孩子朝着正确的方向上迈出了一大步，我们就会使他们感到受到了鼓励，内心受到了鼓舞，因而会取得更好的成绩。

许多儿童教育家都十分强调鼓励的作用，认为这是最重要的成长因素。有人曾说过，“孩子需要鼓励，就如同植物需要浇水一样，离开鼓励，孩子就不能生存。”

可见，鼓励的作用对教育孩子多么重要。法国著名雕塑家罗丹曾说：“生活中从不缺少美，而是缺少发现美的眼睛。”我想说孩子身上也不缺少优点，而是我们家长不善于发现。如果用欣赏的目光去看孩子，兴许你会发现原来自己的孩子也很棒。

第三节　做“玩美教育”的赢家

家就是最好的游戏乐园

育儿智思：家庭生活是孩子游戏反映的主要内容之一，同时也是孩子游戏的主要环境之一。所以，家长可以充分利用家庭生活为孩子提供游戏的机会，在家庭里，父母和孩子一起玩游戏，可以拉近亲子之间的距离，也会给孩子一种温暖美好的感觉，孩子得到的快乐会更多。

家长朋友们可以利用日常生活为孩子提供游戏机会，从生活中的平常事情出发，也可以达到很好的效果。比如利用看电视的时间为孩子提供游戏机会。孩子都爱看电视，尤其是爱看少儿节目，家长可充分利用孩子的这一心理，让孩子参与电视节目中的一些活动，利用睡前的时间为孩子提供游戏机会。孩子都喜欢听故事，家长可利用孩子睡觉之前的时间为孩子讲故事并要求孩子将大意复述出来。这样既可满足孩子想听故事的愿望，又培养了孩子的记忆和表述能力。

另外，睡前还可进行一些趣味竞赛，如比一比谁脱衣服快、谁第一个睡好等，以此训练孩子的生活自理能力；利用家务劳动为孩子提供游戏机会。家庭中孩子能做的家务活是帮助家长择菜、洗自己的手帕等。家长可将这些枯燥无味的工作与孩子的游戏结合起来，利用带孩子到别人家做客或有人来家做客时为孩子提供游戏的机会。让孩子懂得礼貌行为，并知道在与客人或小朋友做游戏时如何遵守这些礼貌行为。

父母还可以利用室外环境为孩子提供游戏机会，可以根据季节特点进行不同游戏，春天可带孩子踏青，夏天可带孩子游泳，秋天可带孩子拾落叶，冬天可带孩子堆雪人、打雪仗。平时可以利用逛街、逛公园为孩子提供游戏机会。应考虑到孩子的年龄特点，家长所提供的游戏内容应是孩子力所能及的，在玩耍的时候，家长应该格外注意孩子的安全问题，防止发生危险。

父母可以和孩子一起制作些小玩具，不仅是一种天伦之乐，更是具有教育意义的活动。制造玩具是一种创造性的劳动，从选材到造型设计都需要孩子积极思维想象，能够发展孩子的智力和创造的才能。同时，孩子在这个过程可以得到意志的锻炼，使孩子养成不怕困难，坚持完成任务的良好意志品质。

玩童才是健康儿童

观点碰撞：许多父母训斥孩子的口头禅是："就知道玩，还不赶快去学习！""这孩子玩心太重，不会有出息。"相反，如果孩子从小就忙着认字、数数或学习琴棋书画，父母则感到极大满足，甚至成为向他人炫耀的话题。显然，这些父母在不自觉之中陷入了误区。

儿童最初的学习方式几乎可以用一个字概括，那就是玩。他们玩泥玩水玩玩具，玩各种能触及到的东西，体会其中的感受与探索。在无拘无束的玩耍中，孩子不仅丰富了自己的触觉、听觉、视觉、味觉，积累了宝贵的经验，学会了学习，同时也培养了健康的身心。对于幼小的儿童来说这难道不是最重要的吗？

著名作家严文井先生最早提出"玩也是学习"的观点，有教育专家也认为，如果"玩"不再是学习时，家长就不应该让儿童玩了吗？反对当玩是学习时才鼓励儿童玩。根据《儿童权利保护公约》，玩根本就是儿童的一种权利，与学习并无关联的一种权利。它也许并不有利于学习，但有利于儿童的身心健康。我们如以学习等理由不让孩子玩耍，是在剥夺儿童的权利。

贪玩的幼儿多智慧。玩，不仅有助于孩子智力发展，也有助于许多非智力因素的发展。玩耍满足了孩子们的欲望，同时也激发了他们的求知欲、好奇心和探索精神。和同伴们一起玩耍，完善了孩子的个性，发展了相应的社交能力。善玩的孩子有许多优点，聪明、伶俐、乐观、愉快、朝气蓬勃、有幽默感，乐于与人交往，富于幻想，勇敢大胆，具有强烈的自我发展倾向。所以，幼儿的早期教育只能是在玩中学，切莫只学不玩或多学少玩，就违背了儿童教育学和儿童行为科学的规律。

其实，小孩子本来都是爱学习的，喜欢探索、喜欢提问，喜欢对很多事情好奇，这不就是最普遍的证明吗？问题在于我们是否始终选择儿童适合的学习方式。教育是人的解放，而首先需要解放的是儿童。让我们相信儿童，善待儿童。相信淘气的男孩是好的，淘气的女孩是巧的，玩童才是健康的儿童。

第四节　开门欢迎孩子的“玩伴”

有玩伴的孩子最幸福

育儿智思：年龄各异的孩子在相处过程中，大孩子会用语言要求小的孩子合作；小的孩子会通过表情、手势和简单的音调作答，并在心中默默地背诵大孩子的话。孩子们在一起玩耍时会说许多话，会把不同家庭的习惯用语不假思索地说出来，使其他孩子学会各种不同的讲法和语气而丰富自己的语言，这就是孩子和玩伴们间的交流形式。

如今，独生子女在家庭中是“小皇帝”“小公主”的特殊地位。在进入与自己年龄相仿的社交圈时，很难懂得什么是谦让，什么是互相照顾。因此，在孩子开始有与人交往的意愿时，父母可以努力给他创造一个不分年龄、不分性别的孩子的社交范围。大大小小的孩子经常在一起玩耍，或有机会生活在一起，很自然就形成了兄弟姐妹的关系，年龄大的孩子会处处以哥哥姐姐的身份要求自己，逐渐忘掉在家时接受帮助的特殊地位。

小的孩子会用感激的态度服从大哥哥大姐姐们的要求，大孩子不会像父母那样全面包办，他们会要求小的孩子去做一些力所能及的小事，如跑到角落捡皮球，把玩具放进盒子里等。如果不服从，在玩耍时就不让参加。这比父母打屁股还要厉害，因为大人在打孩子后会给予安抚，而大孩子的命令“不和你玩”则是让小孩子最伤心的惩罚。为此，小的孩子必须“听话”，不敢再像在家里那样，以发脾气来要挟大人。这样，不同年龄的孩子都可在交往中得到很有效的锻炼。

一岁半到两岁的孩子还不会用语言表达很复杂的意思，往往是用单音加手势来表达，有时连自己的父母都费解，孩子也因着急而发脾气，人们称之为“反拗期”。这种单音加手势的独特表达方式恰好能被刚刚克服语言困难的三四岁的孩子们理解。因此，小孩子可以在哥哥姐姐的理解和帮助下表达意愿，也就不会发脾气，这是大人所不能办到的。在混合年龄孩子们的社交圈里，孩子们的沟通不成问题了，由于语言而引起的“反拗期”就迎刃而解。

在国外，父母经常会为孩子约邻居或朋友家的孩子一起活动，为他们创造更多的群体生活机会。在充满爱心和互相关怀的气氛下，孩子们独立性强，不但能自己服务，也能帮助别人。当他们上幼儿园和上学时就会比较容易适应集体生活，而使孩子更积极地从集体生活中学习更多的知识。

作为家长，关注孩子的健康成长，就要关注他们的心灵需求，给自己的孩子寻找合适的玩伴，是孩子成长的需求。相信孩子们能相互交流，相互学习，共同促进。赶快给孩子找个玩伴吧，因为他们的童年不仅仅需要父母的陪伴，更需要玩伴的陪伴来共同成长。

孩子也不能缺朋友

观点碰撞：随着年岁增长，孩子也需要与外界交流，除了自己的家人，还需要和同龄人交流。孩子的玩伴，是帮助孩子成长的好朋友之一，现在的孩子，大多是独生子女，即使受到了家庭中所有成员的宠爱，也显得很孤单。父母要重视孩子的玩伴和朋友，主动开门欢迎孩子的伙伴。

孩子更需要朋友，和朋友在一起玩，是孩子在成长过程中很重要的一件事。玩，同样是需要时间来学习的，这是独生子女面临的新课题。

父母可以为孩子创造与玩伴共同玩的机会，邀请他的玩伴及其父母一起出游或者到家中来做客。另外，父母不要因为顾及孩子的安全就把他封闭在一个狭小的空间里，从而剥夺了他和玩伴玩耍的权利和机会。

住在附近的朋友或者父母亲的朋友的孩子，更容易成为孩子的朋友。

因为住得近或者联系紧密，孩子可以经常在一起玩耍。5岁之前，孩子的第一个朋友教会孩子明白朋友是有趣的。给他们一个安全的地方，让他们自己玩，让孩子拥有属于自己的时间和空间。

在各种活动中，孩子也可以结交到不少朋友。操场、游泳班或在门前走道上的踢球跑动中，就会有不少喜爱运动的孩子，而孩子们在一起玩，很快就成为了朋友。孩子会在运动中找到很多乐趣，同时，也让孩子养成爱运动的好习惯，对孩子的身体极有益处。

亲戚朋友们家比孩子大的那些哥哥姐姐们，也可以成为对孩子的成长有益的朋友。哥哥姐姐是孩子很好的榜样，在很多方面都有良好的影响。比如某个姐姐每次在睡觉之前都会把衣服叠好放整齐，孩子看到了，也会学习姐姐的行为。如果哥哥在吃东西的时候，主动与人分享，孩子也会模仿这种行为，因为在这样做之后，会得到大人们一致的夸奖，他会觉得这是一件不错的事情。年长的朋友，有时候对孩子的影响，比父母的话还有效。

孩子自己选择朋友。父母不需要去找！你已经完成了策划者的使命。从四岁开始，孩子就已经可以自己选择朋友了。当孩子自己挑选朋友时，这就是步向独立的一大步，他会一直在结交新朋友，但这些新朋友里面，有一些可能会让一些父母不喜欢。每个家长都会听到“妈妈，我能去谁谁谁家里玩吗？”如果父母喜欢孩子的这些朋友，会欣然同意，但如果不喜欢，父母会百般阻拦，不想孩子结交他们不喜欢的朋友。父母们需要深呼吸并且放松，这是每个孩子都会走的一步。

给孩子选择朋友的自由，不要用自己的意志和主观判断去左右孩子的交际圈，让孩子去结交他喜欢的朋友吧。孩子的朋友，是孩子成长途中很重要的一部分，这部分，父母也无法取代。当父母也欢迎并喜欢孩子的朋友的时候，孩子是很开心的。当然，父母也需要在一边给予建议和意见，尽量不要让孩子结交到一些确实不好的朋友，因为孩子的判断能力是不能和父母相比的。

第五节　给孩子一张生存护照

从小锻炼孩子的独立生活能力

育儿智思： 孩子天生并不缺乏独立性，但却有可能在长大之后，变成没有独立生活能力的人，这不能怪孩子，只能说他的父母是有责任的。家长要从小培养和锻炼孩子的独立生活能力，孩子这方面的能力需要通过自身的实践才能获得，在孩子还小的时候，父母可以有意识地培养和锻炼孩子。

有一个去美国探亲的中国人，期间，经历了一件让他很震惊的事情。有一天，他在家看报，门外有人敲门，是两个女孩子，大的约八九岁，小的约五六岁，看样子是姐妹俩。大女孩很有礼貌地问："你们家需要保姆吗？我是来找工作的。"他一惊，忙问："你年纪这么小，会做什么呢？"小女孩解释说："今年我九岁了。我已经有十四个月的工作经历了。"说完，她娴熟地递给他一张纸说："你看，这是我的工作记录单。"

他接过来一看，上面写着她帮人照看孩子、帮孩子做功课、陪同做游戏等工作事项及工作时间。他说："不好意思！我是亚洲人，在我们那儿，像你这么小的孩子都是不工作的，他们都还需要别人的精心照顾呢！"姐姐说："是吗？这个我不知道，反正像我这样的孩子很多。父母鼓励我们出来工作，并不是为赚钱，我们需要工作经验。"他笑了，问她："工作经验？你们离工作还远着呢，现在要先读书。"女孩说："不，我们要经验，读书时也会自己赚学费和生活费。"他问大女孩旁边的小姑娘是谁，难道还要照顾她吗？她赶紧说："不，我不照顾她。她是我妹妹，今年五岁了，她也是来找工作的。她能推婴儿出去散步，还很会陪孩子玩。不过，她的工作是免费的。”看着姐妹俩，他觉得她们太可爱了。同时，也感觉很震撼。

在美国，很多父母最担心的，是孩子的独立生活能力。所以孩子们从小就要开始工作了。这边的父母很舍得放手，敢把孩子放出去，他们放养，但是不放任。有一些东西，父母也是很注意的，比如礼貌、诚信等品质，父母会十分重视。国内的孩子，大都被溺爱着。他们被过度关注，被过度保护，自立精神和自理能力都很差。等孩子进入了社会后，适应能力自然也会很差。为了让孩子更早、更好地独立，我们要学习一下美国的父母，即使不是让孩子去找工作，也要让孩子做些力所能及的事情，从小锻炼孩子的独立生活能力，以便孩子更好地融入社会。

培养孩子的独立生活能力是一项长期、繁琐、细致的工作，也是一项对孩子的未来很重要的教育行为。父母在生活中，应该及早地给孩子这种独立生活的意识，也应该通过生活中的各方面的锻炼，来塑造孩子的独立生活的品质。

挫折教育不可少

观点碰撞：无论是在学校里还是家庭中，鼓励引导都是现代教育的主要方式之一。它既能营造竞争氛围，激发孩子主动行动，也能帮助他们树立信心和自尊心，给孩子一个发展空间。但过犹不及的鼓励和夸奖常导致不少孩子只爱赢，却输不起，一旦比不过别人，就很不开心，失落沮丧，心理承受能力很差。

每逢孩子遭遇挫折，哪怕是一点点的批评和言语上的不满，都会导致孩子不开心，甚至大哭大闹，爱孩子的父母一般都会于心不忍，就会向孩子认输。长此以往，会给孩子造成一种错觉：自己总是赢家。但现实生活并不是如此，他总要面对自己所不擅长的事情，总要学会怎样应付输的局面。这时，适当的挫折教育有助于培养孩子的抗压能力，是鼓励引导不可或缺的补充。

挫折教育并不等于不分缘由地打击孩子，也不是空口宣讲说教，而是要在情境中锻炼孩子的抗压力和承受力，塑造健全的人格。由此，挫折教育也要遵循一定的方法。

首先，要让孩子有一个心理建设的过程。在日常生活里，父母要潜移默化地让孩子间接地接触和感知挫折，让孩子对挫折有一个形象具体的认识。例如，当给孩子讲故事的时候，如果故事中的主人公遇到了困难，这个时候，父母可以对孩子提问："如果遇到这种情况，你会怎么办呢？"有意识地引导孩子正视挫折，在刚开始的时候，也许有些孩子并不知道这个时候该怎么办？也会流露出对父母解决困难的依赖，希望可以在父母的庇护下逃避挫折。

这时，家长也不要着急要最佳答案，而是要尽量温和地告诉孩子，父母不可能永远陪伴左右，他总需要独立面对生活。如果孩子表现出不安情绪，家长则可以适当安慰。

其次，让孩子从生活中体会挫折。最基本的挫折教育就是从要求孩子独立处理个人事务开始。比如让孩子自己穿衣服，在一开始可能是一个很大的困难。尤其是早上起床的时候，有些家长出于时间或气候的考虑往往半途而废。但是让孩子自己一个人面对这个困难，他就会学着自己思考解决问题的方法，品尝失败后，再想其他办法，最后解决问题。当孩子骄傲地穿好衣服站在家长面前的时候，即使"衣冠不整"，但其中的喜悦和自信是其他东西所无法取代的。

各个年龄阶段的儿童发展水平都不一样。另外，每个孩子由于性格、环境的不同，对挫折的心理承受能力也是不一样的。一些孩子会比较敏感，或者对某个方面的承受能力很差，家长就不应当一味地为了培养孩子的坚强而牺牲了孩子的快乐与健康。

需要注意的是：良好的挫折教育必须建立在恰当的教育程度之上，在对孩子进行挫折教育时，应当考虑两个因素——孩子的年龄和他的承受能力。

第三章

适度的"忽视"，才是最贴心的爱护

如今的孩子，都被父母疼爱有加，这种来自父母的过分关注，对孩子的成长而言，不是什么好事情，反而会使孩子处处以自我为中心，形成自私的性格，接受父母的爱心安理得。父母们要适度忽视孩子们，教会他们安静，教会他们换位思考，这种适度的忽视会让孩子更好地体谅别人，懂得如何与别人沟通交流。父母的"忽视"，不是真正的漠视不管，而是一种教育的艺术，给孩子更多的机会和时间来感知他周围的世界。忽视，其实是一种贴心的爱护，因为爱孩子，父母才舍得对孩子进行这种看似"冷酷"的教育。

第一节 别做永远的“护花使者”

大人不能永远为孩子“保驾护航”

育儿智思：孩子要喝水了，妈妈立即从书包里拿出水壶，拧开盖子，递给孩子。孩子喝完水，很顺手地把水壶交还给妈妈，妈妈把盖子拧好，放回书包里；刚去叫醒孩子，妈妈就立刻走到洗手间，准备好孩子的洗脸水、漱口水、牙膏；放学了，孩子从教室里冲出来，第一时间把书包扔给来接他的人……这是我们日常生活里会遇到的种种对孩子过度照顾的情形，相信人们都不会陌生。

在某年的高校毕业生就业市场上，出现了这样的一幕：一位成绩很优秀的女大学生，在父母的陪同下，很自信地向用人单位递上自己的简历，不料对方却委婉而坚定地拒绝了她。“我们不需要一名父母保驾求职的大学生。”用人单位的负责人这样答复了委屈的女大学生。

从这位女大学生的自荐材料上看，英语六级，有口译高级证书、计算机中级证书，是学生会干部，还屡次获得奖学金，凭自身条件完全可以找到一个理想的工作。然而用人单位却认为：一个20多岁的大学生，连自己的前途大事都拿不定主意，又怎么能在工作中独当一面呢？这个用人单位的负责人透过“父母保驾求职”这件小事，迅速断定这个大学生虽然成绩优秀，但缺乏自信，确切地说，是缺乏主见和勇气，是一种怯懦的表现。

父母作为孩子的生活老师，给予适当的关怀是理所当然的。但是很多事例证明，有些来自家长的关爱的确过度了，从而产生了某种程度上的问题。聪聪是由爷爷奶奶带大的，他们对他百般迁就、百事包办。聪聪的学习成绩一直很好，人也挺乖。可到了初中，情况完全变了样——他开始厌学，在家里总是做出破坏性行为。一经询问，原来他发现，同学们说他什么也不会做，还自以为是。婷婷幸运地考上一所外地大学，妈妈放下手头的工作，飞到外地，在校外租房和婷婷生活了一段时间。但当妈妈走后，婷婷不会洗衣及收拾床铺，一个星期下来，个人生活乱得一塌糊涂，像一只无依无靠的小鸟，她终于按捺不住，不顾一切地要求退学，回到父母身边。

其实，有很大一部分孩子已经开始希望尝试自己做事情，但往往家长包办代替已成习惯，探索周围事物的敏感早就被扼杀在摇篮里。0 ~ 3 岁是大脑发育最快的三年，孩子各个敏感期一旦错过，要补这一课可就难了。家长把事情都安排好、做好，孩子慢慢适应了这样一种状态，认为受到别人的照顾是理所当然的事情，而且不用多思考、多做就可享受现成的好处，自然就没有了改变现状的欲望和创新意识。那么，纵使孩子年龄不断增长，但还是处于一个婴儿心态。

无论是在幼儿园，还是已经上小学一二年级，正是塑造孩子身心健康的绝佳时期。这时期，探索欲望和习惯的形成是终身影响孩子的两样东西。家长主动让孩子做自己力所能及的事情，是让孩子和环境始终处于互动的状态，而孩子是占主导地位，通俗一点说，就是主人翁的地位，这无形中打造了孩子的主动性。而且，在这过程中，孩子逐渐领会到通过自己努力，成功地完成一件事情并不难，在将来，这种“功夫不负有心人”的意识就会逐渐形成。

爱的“陷阱”

观点碰撞：对孩子过度的保护会成为一种伤害。孩子在成长的过程中，必须要经历一些磨难，这是一种规律。“酸甜苦辣都是营养，生活百味都要体验。”如果把磨难和体验全部省略了，一切都替他包办，看上去是顺利了，是舒适了，结果却使他软弱而闭塞，胆怯而无能。相信所有的父母都不希望自己的孩子是这样一种成长状况，那您就切记：关爱不要溺爱。

有一则名叫《幸福的小狐狸》的寓言，说的是一只老狐狸带着一只小狐狸生活在一个山洞里。老狐狸是小狐狸的爸爸，小狐狸的妈妈不幸死在猎人的手里，于是老狐狸就带着小狐狸躲进了这个山洞过日子。由于小狐狸的妈妈死得早，老狐狸对小狐狸更是疼爱有加。每天晚上睡觉的时候，老狐狸看着小狐狸酣然入睡的样子，眼泪就会止不住地往下流，想起了自己的妻子对它的微笑，还想起了原来一家三口过着那样幸福的日子，又想起它们自由自在的生活。这一切让它的心痛如绞。

每当这个时候，老狐狸就暗下决心，要让小狐狸成为天底下最幸福的狐狸，不让它吃一点苦，不让它受到一点伤害，即使是自己粉身碎骨也要做到。

老狐狸每天都生活在惊恐之中，害怕猎人伤害小狐狸，害怕其他动物袭击小狐狸，害怕食物不合小狐狸的口味……所以，每当老狐狸外出捕食时，都要把小狐狸关在洞里，把洞口封得严严实实，看不出任何痕迹，然后拼尽全力去捕捉小动物，回来后总是满载而归，小狐狸就这样在爸爸的呵护下，幸福而又快乐地生活着。

有一天，小狐狸实在无法忍受自己待在山洞中的孤独，趁着老狐狸出去捕食的时候，打算偷偷溜出山洞，自己捉一只小兔子，等爸爸回来让它看一下。没想到小狐狸刚露出头，就看到一只大灰狼眼睁睁地瞪着它。小狐狸没有见过这种场面，吓得晕了头，没向洞里跑，反而跑出了洞口。由于小狐狸每天待在洞里，所以跑起来实在是太慢了，不一会儿就被凶恶的大灰狼给抓住了。过多的爱没有让小狐狸得到保护，反而让它失去了应变和逃跑的本能，最终没有逃出危险而葬身狼腹。

很多父母也像这只老狐狸一样犯了“爱心”的错误，一切为了孩子，为了孩子做一切，过分照顾，过度保护孩子。

一位母亲为她 20 岁的孩子伤透了心，她不得不去找儿童问题专家。专家问，孩子第一次系鞋带的时候打了个死结，您是不是不再给他买带鞋带的鞋子？母亲点了点头。专家又问，孩子第一次洗碗的时候，弄湿了衣服，您是不是不再让他走近洗碗池？母亲点头称是。专家接着说，孩子第一次整理自己的床铺，您嫌他笨手笨脚，对吗？这位母亲惊愕地看了专家一眼。专家又说道，孩子毕业去找工作，您又动用了自己的关系和权力。这位母亲更惊愕了，从椅子上站起来，凑近专家问：您怎么知道的？专家说，从那根鞋带知道的。母亲问，以后我该怎么办？专家说，当他生病的时候，您最好带他去医院；他要结婚的时候，您最好给他准备好房子；他没有钱时，您最好给他送钱去。这是您今后最好的选择。没有父母希望得到这样的答案。

在孩子成长的道路上，存在着一个非常温柔的陷阱，就是那些过分庇护孩子的父母亲自挖掘的。掉进陷阱里的孩子，由于被剥夺了犯错误和改正错误的机会，从而也失去了长大成人的权利。

第二节 给孩子一个能打碎的碗

信任孩子，做孩子的知心朋友

育儿智思： 家庭教育是在父母和子女的共同生活中，通过双方的语言和情感交流来进行的。父母与子女的相互信任是孩子听话的重要前提。信任，是给孩子最好的礼物，也是孩子手中一个永远“打不破”的碗。

美国教育专家在家庭调查中发现，子女对父母有特殊的信任，他们往往把父母看成是自己学习上的启蒙老师、德行上的榜样、生活上的参谋、感情上的挚友。他们也特别希望能得到父母的信任，像朋友一样和父母平等地交流。他们认为，只有父母的信任才是真实、可靠的。父母的信任意味着压力、重视和鼓励，这是真正触动他们心灵的动力。

从教育效果看。信任是一种富有鼓舞作用的教育方式，也是一种有效地改变孩子不听话行为的方法。在家庭教育中，父母的信任可使子女感到他们与父母处于平等的地位，从而对父母更加尊重、敬爱，更加亲近、服从，心里话乐于向父母倾吐。这既增进了父母对子女内心世界的了解，又使父母纠正孩子不听话行为时能更加有的放矢，从而获得更好的效果。

反之，若父母对孩子持不信任或不够信任的态度，就很难了解孩子的愿望和要求，孩子的自尊心和自信心必然会因此受到伤害，他们对父母的信赖也势必减弱，甚至更加逆反，导致不听话行为的升级。所以，父母应该信任孩子，做他们的朋友。

有一次，有个孩子想自己上书店看书，妈妈没有答应，孩子非常正式地跟她说：“妈妈给我一次机会，信任我吧，我肯定没有问题。”面对孩子近似乞求的语气，妈妈决定给孩子以信任。两个小时后，孩子高高兴兴地从书店出来了，一种自豪的表情挂在脸上。从这以后，孩子能自己处理的问题，妈妈就放手让他去做，有时还把一些重要的事情交给孩子办，完成得都还不错。孩子也感觉到了妈妈对他的信任，变得懂事多了，还告诉她很多知心话，把她当成自己的一个好朋友。

一位家庭教育专家曾指出，让孩子听话的奥秘在于坚信孩子“行”。每个孩子心灵深处最强烈的需求和成人一样，就是渴望受到赏识和肯定。父母要自始至终给孩子前进的信心和力量，哪怕是一次不经意的表扬，一个小小的鼓励，都会让孩子激动好长时间，甚至会改变整个精神面貌。

在教育史上，有一个著名的“暗含期待效应”实验，其实质就是信任孩子。这种效应被广泛运用于现代教育中，教育工作者从对孩子的信任出发，培养孩子们的积极性，让孩子在别人的鼓励和信任中不断地改掉逆反、任性、不听话等不良行为。

对孩子信任，做孩子的朋友，能够激发孩子内心的动力，让孩子体会到成功的快乐。他们会在父母充满信任和友谊的目光中，变得听话起来，变得自信起来，从而能以更加昂扬的姿态面对自己的人生。

放松自己，没有完美的孩子

观点碰撞：很多父母经常在一起感叹着“做父母难，做现代父母更难！”每天除了工作、家务之外，几乎所有的时间都用在培养孩子身上，神经绷得紧紧的。可随着孩子的一天天长大，孩子对着干的抗议声却日渐增强，以往看得滚瓜烂熟的育儿方法被小家伙击得粉碎，全派不上用场了。

有些感慨“做父母难”的家长们，在潜意识里是希望自己的孩子事事完美的，如果孩子达不到自己的要求，就会觉得自己作为父母是失败的，这其实是父母在养育孩子的过程中的一种心理欲望，希望通过孩子处处拔尖的形象来满足自己作为一名“成功父母”的虚荣心。而孩子却被这些父母的虚荣心和功利心所影响，失去了原本应该有的自由。孩子应该是自由的，应该是轻松地成长，却因为背负着父母事事完美的期望，而不得不小心翼翼，生怕自己做得不够好，父母会对他们失望，会批评和斥责他们。

正如教育专家所言，“孩子有问题，根源在家长”。当父母改变了思维，眼睛不再盯住孩子的一举一动，而是腾出时间去充实自己，提升自我。有一天，忽然发现孩子像雏鹰一样敢于飞翔了，思想活跃了，自觉上进了。即使这个过程需要一些信心和忍耐，可结果还是让人欣喜的。放松也是让人进步的另一种途径。做家长的，不就是希望孩子长大了能成为一个自食其力的人，而非十全十美的“神”吗？一个正常的人，吃五谷杂粮，必定有所长有所短，家长应该遵循这个自然规律，允许孩子犯错误，不必整日神经紧张地“见错惊呼”，将一个本来很有潜力的孩子看管成一个你所认可的完美主义者，凭空给孩子也给自己增添无谓的烦恼。

所以，父母们应该改变思维，改变对孩子的教育方式，最重要的是要放下心态，放松自己，让孩子们自由自在地去成长。做父母的，如果对孩子少了那些完美的苛求，亲子之间就会更容易感到生活的快乐和谐。那些对孩子有着较高要求的父母们，想一想，自己作为父母，都是会犯错误，何况是还未成长起来的孩子呢？如果孩子犯错了，没有达到自己的期望，也不要就急着批评孩子，孩子将要面对的还有很多，不是从不犯错误就是长大的标准，而是他已经学会了如何尽量少犯错误，他可以自由地、健康地成长，而不是在害怕犯错误的恐惧和担心下辛苦地长大。放一下手，遵循孩子的自然成长规律，把我们的孩子培养成一个虽不够完美但却是真实的实实在在的人。

第三节　分数不是心情的“晴雨表”

家庭和谐的“指针”

观点碰撞：分数，总牵动一家老少的喜怒，父母的心情，会随着成绩单上的分数而起伏变化。孩子拼命学习，只为父母脸上的笑容，一旦考差了，一家人都不好过。成绩单，成了家庭和谐“晴雨表”。

烁烁 5 岁半上小学，今年刚满 10 岁已经上小学五年级了。一直以来，她能歌善舞、礼貌孝顺，经常被亲戚们夸奖，她的父母因此很自豪。但是近两年来，烁烁令父母满意的地方似乎越来越少。虽然能歌善舞依旧、孝顺礼貌依然，但因学习成绩不尽如人意，她原本的优点慢慢被父母视而不见了。

父母最大的梦想，就是让女儿考上大学，实现自己没有实现的人生目标。所以，从烁烁第一天上学起，妈妈就每天检查女儿的作业，爸爸负责周六周日送女儿补课。但是，虽然两个人分工协作，从早忙到晚，女儿的成绩就是不见起色。每次烁烁从学校拿回不理想的成绩单时，就是这个家庭最沉闷的时刻。

有一次考试，烁烁得了 82 分，在班上属于中下等。这让她的父母无法接受。因为，这个假期，她父母给她补课花了不少钱，就是想让烁烁成绩提上来。不料，升入高年级的第一次考试就考砸了，这对她父母的打击很大。性急的妈妈对女儿大发雷霆，甚至动了拳脚。爸爸心疼女儿，便拦着烁烁的妈妈，两人因此争吵起来。

因为一张成绩单，一家人笼罩在沉重的气氛中。正因如此，小小年纪的烁烁最害怕考试了。每逢考试，她十有八九会感冒发烧、口腔溃疡。直到成绩单发下来，接受完母亲雷霆般的一顿训斥，然后，谨小慎微地度过半个月的“危险期”，烁烁脸上才能重现一个正常孩子的笑容。

分，分，分，学生的命根儿。对许多学生来说，为分所“累”，很大程度上是因为分数决定着父母对自己的态度。今年读小学五年级的杨雨说：“上学期，当我把得第一名的好消息告诉爸爸妈妈时，他们十分高兴。妈妈说要庆祝一下，连平时总板着脸的爸爸也露出了灿烂的笑容。从那之后，我虽然每天复习功课到很晚，但只要一想起得第一名后全家人的喜悦，我就忘了所有的烦恼和疲劳。”但是，最近这次考试杨雨考砸了。回家之后，她写下了这样的日记：今天，当老师拿着成绩单出现在讲台上时，我心跳加快，背部出汗，两手紧紧地握成拳，心似乎被什么东西给揪住了。我多想有一双神奇的眼睛，能看到自己的排名。“第一名……第二名……第三名……第十名……”前十名中没有我！我好像一下子从高处掉了下来，浑身冰凉，心脏都好像停止了跳动。我怎么向爸爸妈妈交代啊！……

请不要过分看重孩子的成绩单

观点碰撞：每年期末考试考完等待成绩的时候，孩子都会因为害怕成绩考不好而去寻求心理帮助，孩子的成绩已经影响到孩子的心理健康，也是父母对待孩子态度的主要指针。家长对成绩单敏感可以理解，但是有一点不能忘记，就是我们之所以这样，是希望孩子有一个好的成绩，将来有一个好的前程，却不可走进误区，让成绩单耽误了孩子心灵的健康成长。

有些学生，知道考不好，盼着成绩晚点公布。有的同学在走出考场后就知道自己考得很差，他们在内心深处盼望晚点公布成绩，害怕公布成绩后会引来父母的责怪。其实，这种孩子大多属于学习目的错误型。他们认为学习是为家长学的，在平时的学习中不主动，对自己的学习没有期望和目标。从内心来看，他们并不担心自己的学习成绩，而是更在乎家长对分数的反应。如果家里有这样的孩子，作为家长应该对自己的家庭教育理念和方式进行自省，认识到孩子之所以会有这样的表现和家庭教育有很大的关系。

家长需要考虑的有：首先，作为家长是否有意识地帮助孩子体验学习的快乐，还是抱着望子成龙的想法却做了让孩子害怕学习、逃避学习的事？如平时对孩子爱护有加，但学习上有闪失就立刻暴跳如雷，否定孩子，甚至惩罚孩子，使孩子把不快乐的体验与学习联系在一起，导致孩子对学习不是很有兴趣，把学习当作满足家长要求的一件事。

其次，当孩子在学习中遇到问题的时候，是否像朋友一样帮助孩子找到解决问题的具体方法？在遇到难题时家长是否一直鼓励孩子，让孩子发挥自己的潜能攻克难题，在学习中体验成功、确立自信？还是马上给孩子讲答案，一旦讲一遍孩子没听懂就会批评他？对于这样的学生，家长应该改变原来的方法。考试成绩公布后，家长应心平气和地和孩子一起分析试卷，找到问题所在以及解决问题的具体方法，并让孩子自己做出寒假安排，合理安排寒假生活。还有一点不容忽视，要改变孩子对于学习的态度，让孩子对自己的学习负起责任，在学习中不断体验成功的感觉。

一部分学生担心考不好无法面对他人，显得非常慌乱，他们担心一旦考不好会无法面对老师、家长甚至同学，有很大的心理压力。这样的学生属于勤奋自勉型，他们对自己的学习有目标、有要求。

有些教育专家认为，期末考试成绩单是对上一个学期学习成果的监测，代表了学生上一个学期的学习水平。家长和学生都应该对成绩有一个比较现实的心理预期，要用平和的心态面对成绩单，把工作重点放在平时，而不是放在发成绩单的那一刻。家长可以抓住这个机会，了解孩子的学习状况，帮助孩子找到进步的方向。部分家长以成绩单来评判对孩子是奖励还是惩罚，把成绩单作为自己脸面的一个标杆，有的家长更是因为孩子成绩不够理想，认为自己很没面子而拒绝参加家长会，失去和老师沟通，帮助孩子成长的机会，这些做法都是不妥的。

另外家长对孩子的成绩不满意时，不要急着批评孩子，要先想一想，对孩子的要求是否与孩子的智力水平相当。人的智力不同，学习成绩很有可能不同。而且，这还和孩子的学习能力有关系。学习成绩与学习能力，如注意力、观察力、记忆力和视觉、知觉等能力也有关系。如果孩子的学习能力方面还有不足，也会直接影响到孩子的学习成绩。同时，也要看孩子对学习的兴趣，如果孩子主观上并不想学习，对学习也没有强烈的兴趣，那么他就不能在学习中体验到快乐。

总之，如果家长对孩子的成绩单处理不好，就有可能出现家长们不愿意看到的情况，比如孩子会学会隐瞒成绩，学会说谎，出现考试焦虑，严重的话，会恶化亲子关系。如何避免这一切发生，也很简单：请不要过分看重孩子的成绩单。

第四节 谨防“控制强迫症”的困扰

变相“控制”要不得

育儿智思：我们希望孩子能温文尔雅，彬彬有礼，识大体，举止得当。可当他们的表现和我们理想中的完全不一致时，很多带有强制性的语言就会出现，我们不认为这是控制，但实际上我们已经在心里给孩子画了一个圈，他们必须按照这个圈去行事。

带孩子出去转悠，常常会听到很多其他带孩子的人挂在嘴边的话：“乖，听话，不要这样，不要那样，你一点也不懂事，怎么说了这么多遍你也不学好？危险！不要动这个！”这些都是带强烈感叹号的一些词语。这种爱，是当家长的自以为是的爱，这在某种程度上不是爱，或者说不是正确的爱，而是一种对孩子变相地“控制”。为什么要打引号呢？因为这也不是真正的控制，是家长带着善意出发，但结果不太好的一种控制。

在孩子还比较幼小的时候，家长的期望值其实并不高，只要吃饱穿暖就行。但一旦稍大一点，开始有基本的社交和在公共场合出现时，如果孩子的举止就会和家长期望的相差甚远。这时，很多家长会着急，会比较，会使用一些不当的言语来教育孩子。可是孩子就是孩子，无论怎么给他讲大道理，或者不管父母怎么着急，他的智力如果不发育到合适的时候是无法明白大人的心情或者出发点的。

孩子只是活在自己的小小世界里，开心就笑，不高兴就哭。可这样是否正确，或者说孩子是否愿意接受，也许很多家长都并没有在意。在自己不注意的时候，一些对孩子成长不太好的话就这么脱口而出了。但孩子听了，也许第一反应是害怕，第二反应可能就是逆反了。每一个孩子都不喜欢被“控制”的感觉，就像大人也一样，不喜欢束缚。所以，当我们对孩子提出很多要求的时候，是不是也在束缚孩子，在控制孩子呢？

可是要怎么爱，怎么教育，才能让爱孩子的父母们能有把握说：“我从没有控制过孩子，我是在好好爱他。”每一个父母都应该要思考这个问题。如果孩子实在是调皮捣蛋，父母要发脾气的话，数 3 秒钟，控制一下自己的情绪，深呼吸，用尽量平和的语调来和孩子交流，尽量做到客观，不带个人情绪。而不是让自己发脾气，然后用生气和愤怒的情绪让孩子感到害怕，从此孩子再也不敢调皮捣蛋了。

孩子有孩子的身心发展规律，有自己的成熟过程，我们要允许孩子按照自己的发展轨迹逐步走向成熟，要善于等待孩子，不要急于求成。那些因为爱而产生的“控制”行为，不论父母是如何替孩子着想，或者是为了更好地教育那些调皮的孩子，都会束缚孩子的个性，都是不可取的。自由地成长，是每个生物的权利，也是孩子的权利，不要因为爱孩子，而让孩子成为父母的“木偶”。

孩子的未来蓝图让孩子自己描画

观点碰撞：可以说希望孩子从小上学成绩优异，至少要考上大学是目前家长的普遍心态。家长希望孩子上大学的心态是完全可以理解的，社会上对孩子长大之后的人生也有一定的影响，但是这都不能成为孩子成长的规划和蓝图，孩子的成长，有他自己的规律和历程，太高的期望与太早的规划，并不是孩子成长历程中必需的。

苗苗是个聪明伶俐的孩子，才满三岁就会背诵许多儿歌，还认识一些汉字，但是爸爸妈妈还是嫌她太“笨”。“一天到晚算不清楚，4 加 2 等于 6，5 加 3 等于 8，教了多少遍还不会！”其实并不是孩子笨，而是父母的要求太高了。三岁孩子的思维方式主要是具体形象思维，他们认识事物离不开具体的形象。尤其是对数这一抽象概念的认识，更要依赖于具体形象的事物。对于学龄前的孩子，首先要在生活中结合具体事物教他们分辨“1”和“许多”，而后一个一个地认识数的实际含义，知道数的组成，再学数的加减。这是一个从具体到抽象、从浅到深逐步渐进的过程，绝不能一蹴而就。

一位怀孕三个月的准妈妈说：“我要为孩子设计人生成长的蓝图。首先要搞好胎教，不仅使孩子生下来没毛病，而且使孩子发育好，有聪明的大脑，这是为孩子将来的竞争创造条件。其次是生下以后要优育，要进行早期教育，开发孩子的智力，能成为神童更好。不能成为神童，也要使自己的孩子智商高一些。然后送到好的小学或者私立学校。钱不是大问题，孩子能学好是最重要的。孩子将来要上最好的高中，孩子的目标就是考上北大、清华。将来还要到美国留学，读硕士，读博士。”这位未来的妈妈还没见过孩子的面就为孩子勾画出未来的蓝图。

家长望子成龙、望女成凤的心态也正是适应了社会发展的需要，也可以说适应了21世纪对劳动者的需要。现在的家长已经看到了，未来的社会一个人对社会贡献的大小、一个人在社会的知名度、一个人财富的多少和他的知识、受教育的程度都有着密切的关系。因此无数家长都希望自己的孩子接收到良好的教育，也对孩子在教育上寄予了很大的期望，从小学习成绩要好，要考上最好的初中、高中，至于大学，更是要上好大学。

有个小男孩，从小父母对他寄予厚望，他小学的时候成绩很好，但上了初中，他成绩开始下滑，父母很生气，每天都在骂他教育他，他的压力很大，变得越来越不爱说话了，沉默，压抑，完全不像个朝气蓬勃的孩子。最后也没有考上好高中，他的父母很失望。

家长们的期望，给了孩子很大的压力，不是每一个孩子都那么聪明，都能考上最好的中学和大学。能考上好大学的孩子，毕竟还是少数，大多数孩子其实都会面临父母的期望与现实状况之间的差距，这种差距会让一些父母对孩子失望，也有些父母会对孩子施加更大的压力。孩子在这种压力之下，有些会活得很累，很辛苦，有些孩子也因为无法实现父母的期望，而对自己失去信心。

第五节　让孩子像孩子那样长大

是谁在扼杀孩子的童真?

育儿智思：童真，儿童的本真，那本是孩子与生俱来的灵性，自然健康、脱离了一切功利性和目的性的举止，幼稚但不可预测的思维，单纯而多向度的快乐，如今，正在成为一项稀缺资源，离我们远去。如果说，在战争和灾难中，儿童是被暴力和恐惧突然夺去了童真，痛苦使他们过早成熟，那么在更为广泛的和平地区，在更为普遍的平静如水的日常生活里，儿童的童真则是被一种较为平和的方式，一种深思熟虑、有条不紊的方式逐渐夺走。

如今，越来越多的孩子迅速地摆脱童真，提前结束自己的童年，从言行举止、思维习惯都在走向成人化。在成人化食品的喂养下，儿童的身体面临早熟，关于成年的生理标准一降再降，儿科诊室门口排满了因为孩子性早熟前来问诊的家长；在成人文化的侵蚀下，孩子们越来越快地对童稚生活失去兴趣，电视模仿秀里少不了身着比基尼的孩子，时尚服饰商人们也纷纷缩小自己产品的尺寸，以满足孩子成人化的需要；而在文化产业里，适合孩子看的书，适合孩子唱的歌，适合孩子看的电影越来越少，想要捕捉孩子天真表情的摄影师只能走向深山老林，到远离尘嚣的村落里去寻找尚未污染的童真。

显然，孩子的“成人化”已经成为了一个社会问题。作为“孩子最好的老师”，父母始终负有不可推卸的责任。有些教育专家认为，父母教育不当是造成孩子成人化的主要原因，认为有些父母总是用成人的要求引导和教育孩子。孩子的主要任务是玩，是通过游戏来增长知识和能力，但父母却不允许他们与小朋友一起“疯玩”，要他们规规矩矩地坐下来学习，扼杀了孩子的天性。孩子所受到的熏陶和教育也远远超越了孩子的接受能力。

生活中的许多孩子，特别是城市的独生子女家庭，由于互不往来，把孩子局限在家庭的小天地里，结果可供孩子模仿的对象只有成人，孩子每天看到和听到的东西大都超过他们本身的接受能力。再有，父母填鸭式的教育也使孩子背上难以承受的包袱，天天围着书本和培训班转，使孩子无法醉心于自己喜爱的游戏和活动之中。这些都不该是童年应有的模样。

家长要学会充实孩子的生活，多鼓励孩子交同龄朋友，多带孩子进行体育锻炼，增强体质，父母还可以带孩子多接触大自然。大自然是进行教育的最好场所，孩子在对自然产生浓厚的兴趣的同时，社会性的东西就会减少。

父母亲不应该总是强迫孩子学这学那，应该遵从孩子的天性和乐趣，尽可能停止对孩子进行填鸭式的教育，尽量做到不给孩子增加额外的负担。让孩子的成长顺其自然，不要让孩子成为自己向别人炫耀的“资本”。

父母要做孩子最好的老师和朋友，做孩子的榜样。父母是孩子最初的模仿对象，很长的一段时期内，他们也是唯一的模仿对象。模仿是学习之母，一切学习都是从模仿开始的。在一切都需要模仿的时期，父母作为被模仿者，主导着孩子的生活。所以，父母的作用怎么强调都不过分。因为孩子最初还不会鉴别和扬弃。作为被模仿者，父母在孩子面前言行要小心一些、检点一些。

在孩子还相信童话的时候给孩子多讲些童话，在孩子还能穿童装的时候给孩子多买童装。童年转瞬即逝，做父母的应该比孩子还要珍惜他们的童年。

保留孩子的童真

观点碰撞：现在的孩子在每个家庭里大都扮演“小皇帝”“小公主”的角色，他们每天有很多人宠着、爱着；同样，他们也被很多人强迫“按部就班”地做着很多事情。他们有自己的想法吗？肯定有，只是他们常常被大人们扣上“应该”或者“不应该”的帽子。他们的童真就在大人们的“灌溉”中慢慢流走了……

有个小女孩画了一幅龟兔赛跑的画，原本她还画得不错，只是她很不合适地给那个乌龟画了两个高耸的耳朵，父母以为她上课没有好好听讲，当下就狠狠批评了她，还擦掉了那两个“耳朵”，小女孩当时很委屈，但父母没有给她申辩的机会。后来父母才知道，小女孩画的其实不是乌龟的耳朵，而是两个小辫子，她觉得乌龟光光的脑袋不好看，像她一样梳两个辫子才是漂亮……孩子有自己的想象力，而父母竟然无知地干涉了她的想法，孩子的这份纯真是多么难得的呀！

成年人的世界里有太多竞争意识，世俗观念和利益关系，常常会刻意地或者不自觉地强加于孩子，孩子们的心灵犹如一张白纸，对于很多东西，其实是没有概念的，而父母的言行则会给孩子纯洁的心灵上抹上很多带有父母主观意识的东西。

比如当孩子们在一起玩耍，有了争执，开始吵闹甚至打起来的时候，不同的父母会有很大的区别，有的父母会摆出旁观者的姿态，认为孩子输了会很没有面子，有的父母认为孩子要是被对方孩子打了，如果不还回来，那就是吃大亏了。

有的父母没有想太多，及时地把孩子拉开，但批评教育又有不同，有的父母会大声斥责孩子不听话，在外惹事，也不听孩子申辩，有的父母则在孩子面前责怪对方孩子不懂事，一味地袒护自己的孩子。这些父母其实都把自己的言行投射在孩子心里了，但对于孩子来说，争吵、打闹甚至打架，只是孩子们之间交往的一种形式，孩子的成长总会遇到困难和挫折，大人们一味地呵护和扶持其实有时候也是一种负担，孩子们之间的打打闹闹本来是再平常不过的小事了，他们几分钟前可能吵得面红耳赤，几分钟后马上又会玩在一块做了好朋友，大人们大可不必参与其中，相信他们，孩子们会有自己的处理方式！孩子的心灵本来是纯洁而真挚的，没有大人那么多的想法，只是经过长期的“灌溉”和“耳濡目染”，让孩子的童真越来越少了。

孩子们的童年都希望是美好的，孩子们的童真都是宝贵的，让我们每一个大人都来给孩子们一个自由的空间，让他们更好地幸福成长吧！

·Ⅳ　冬之悟：顺势而为，爱需要慢半拍·

给予孩子爱，把速度放慢一点，让时间过得更久一点，让彼此在一起的机会更多一点。不论再怎么急，我们还是得放慢脚步，孩子就是孩子，他们跟我们成人不同，孩子有孩子的成长、生活和学习节奏，顺应其独特的自然规律。

我们很多家长对孩子的期许，其实就是希望孩子未来的人生能过得平坦些，身体健康、家庭美满就足够了，孩子活得轻松自在是对自己养育的一种回馈。如果是这样一种期许，那么就给予孩子足够的爱，给予他足够的时间和空间，让孩子在一个自由的环境中自然地成长。爱，不是匆忙，而是从容，爱不是高压，是轻松，爱孩子，那就放慢脚步，让孩子自然地健康成长。

在教育孩子的问题上，父母要顺势而为，顺势而为并不是顺其自然，而是要看清问题的根源所在，不要被表面的一些现象迷惑住。然而今天的父母往往只看到表面现象，看不到事情的本质，更看不到孩子的内心。父母往往在没有看清局势情况下，就急于出手，拿出自己的经验，给孩子一个评判，让孩子没有发表自己看法的机会，反过来还说孩子太笨了。对于在养育孩子的过程中有困惑的父母来说，这个时候最重要的就是需要停下来，想一想，给自己一个时间，也给孩子一个时间。当你停下来的时候也许问题就已经解决一半了。

在黑夜里我们之所以害怕，不是因为外界有什么东西让我们害怕，而是我们看不清楚前方的道路，不知道下一步是什么，所以我们会感觉到担心和害怕，之所以看不清是因为我们的视力受限，或者是自然环境条件不够。有些条件我们不能改变，但是我们可以改变我们自己，我们可以把光明带进黑暗，也就是父母可以让孩子的内心点亮一盏明灯。当有问题的时候，也正是需要提升自己的时候，不要怪孩子，要用一颗真挚的爱心去感谢孩子，因为，是孩子告诉我们，我们还有不足，还需要学习。

孩子就是一面镜子，时刻提醒着我们，告诉我们如何爱，如何感恩。在爱和感恩里面，是对孩子成长的真正守望，而不是过分的期待，给孩子机会自然地成长，而不是盲目地按照自己的期望去塑造孩子。养鱼重在养水，养树重在养根，养人重在养心。在孩子的心灵中，有他自己的世界和成长的历程，父母对孩子的爱，就是默默地关注，给孩子时间，不要匆忙和超前，慢慢来，静等花开，守望孩子成长的幸福。

第一章
淡化痕迹，做到不教而教

最好的教育不是耳提面命，不是批评斥责，不是强制惩罚，而是淡化教育痕迹，让受教育者在没有察觉的情况下被潜移默化。不教而教，就是把教育内容渗透在游戏、谈天、生活之中，在一种和谐、自然的气氛中使孩子不知不觉地接受教育。“三分教诲，七分等待”，三分教诲，教诲要适量，说教过多，孩子会产生逆反心理，效果反而不好。七分等待，父母对孩子要有耐心，如果急躁，便会与孩子产生矛盾。教育有时需要等待，需要孩子亲身体验，甚至需要走些弯路，摔几个跟头。孩子成人成才，更需时日和世事的打磨，绝不可能一蹴而就。揠苗助长，只能得不偿失。

第一节　以身作则，做“示范型”父母

父母要做好的领路人

观点碰撞：人们常说，榜样的力量是无穷的，对孩子来说，尤其如此。孩子可以效仿的榜样，首先就是父母，因为父母是和孩子朝夕相处的人，也是最容易让孩子学习和效仿的对象。家长能为孩子做的最好的事情，就是给孩子树立一个好榜样。

父母在教育孩子的过程中，对孩子影响最大的，不是自己所说的，而是自己所做的。好的父母，会以自身为榜样，有意识地引导孩子往好的方面发展。而有些父母可能忽视了，当他自己做得不好的时候，其实也会给自己的孩子带去消极的影响。家长本身倘若做不好，那产生的负面影响，对孩子的成长是有害处的。就像有人曾说，孩子们前进过程中最可能踩着的脚印，就是家长认为他们自己已经遮盖起来的那些脚印。

杰克很爱喝酒，几乎每天都会去酒吧，这是他很多年养成的习惯，怎么也戒不掉。有一天早上，外面下雪了，天气很冷。杰克想：“这么冷的天喝上几口酒暖暖身子最好不过了。”于是，他就走出家门往酒吧走去。没走多远，杰克发现后面有人在跟着他，再一看，是他的儿子。孩子冲着杰克大喊：“爸爸，雪太厚了，要不是我踩着你的脚印我就走不到这里了！”杰克低头一看，果然，在儿子身后的每个大脚印里都有一个小脚印，儿子果然是踩着自己的脚印一路跟来的。杰克心头一震，心想：“孩子正是踩着我的脚印走，如果我去酒吧，那他不是也要跟着我去酒吧吗？”杰克想着想着，似乎意识到了什么，便对儿子说：“儿子，爸爸要去上班了，你也快回家吧，外面冷。”说完，杰克朝着自己办公室的方向走去，在他身后，是一串拐了弯的脚印。从此，杰克奇迹般地改掉了多年嗜酒的习惯，再也没去过酒吧。

父母是孩子的领路人，孩子总是跟在父母身后朝着父母引领的方向走。假如父母走入歧途，那孩子也很难走上正轨。想要一个什么样的孩子，就要首先做一个什么样的父母。只要在行动上做出表率，即使不说那些道理，也会对孩子产生积极的影响，因为行动本身就是最好的、胜过一切的语言。

优良的示范是最好的说服

育儿智思：模仿一种行为容易，戒掉一种行为很难，这就是模仿学习的显著特点。如果父母能为孩子树立一个好榜样，让他能效仿到一些能够令他受益无穷的好行为、好习惯，如果父母没有意识到自己是孩子的学习对象，以至于放松了自己，或者给孩子树立了“反面典型”，让孩子学习到了不好的东西，等到时候再去纠正，真的是一件费时费力又不讨好的事情。

有这样一个故事：小杰的爷爷年纪大了，动不动手脚就会颤抖，据说是得了一种叫作“帕金森综合征”的老年病。刚开始，小杰的爸爸妈妈对爷爷表现得还有些孝心，但时间长了，就变得很没有耐心，甚至有些嫌弃老人了。有一天在饭桌上吃饭的时候，爷爷的手又开始抖动起来，一不小心打翻了一个汤碗，弄得饭桌上一片狼藉，大家都没吃好饭。这种情况也不是第一次发生，终于，小杰的父母忍无可忍了，很生气，于是决定给爷爷在房间的角落里“特设”一张桌子，专门给爷爷。从此，爷爷就再也没有跟他们在一起吃饭了，而是一个人孤独地在角落的那张小桌子上吃饭。小杰把一切看在眼里，但他搞不清楚，为什么老人年纪大了就会去角落里的小桌子上吃饭。

有一天，小杰在家玩积木，搭好了，他就喊爸爸妈妈来看：“爸爸妈妈，你们看我搭的小桌子。”他的爸爸夸奖他搭得有模有样的，“怎么今天不搭楼房搭桌子呢？”他的妈妈问。小杰自豪地说：“这是我给爸爸妈妈搭的小桌子，等将来你们老了，就用这张桌子在角落里吃饭。”小杰的爸爸妈妈听了这几句，面面相觑，顿时愣住了。

托尔斯泰说过：“全部教育，或者说千分之九百九十九的教育都要归结到榜样上。”心理学的理论也认为，榜样对人有自动感染的作用。如果父母当了“反面教材”，孩子也学会了父母的言行，当孩子接受后续的教育改正了缺点，但是在某些场合，这些“坏”榜样的作用又会“自动弹出”，孩子又会“退回”到教育之前的状态，可见，如果父母没有树立好榜样，对孩子害处真是大啊。

电视上曾经有这么一段公益广告：傍晚，年轻的妈妈一边给儿子洗脚一边给他讲故事，讲了一截，孩子的脚就洗完了，妈妈于是把儿子哄上床，还说了句“妈妈待会儿再给你讲”，便端着水走开了，原来妈妈是去给孩子的奶奶洗脚去了。小男孩在床上等了好一会儿，见妈妈还不来就去找妈妈。在奶奶的房间门口，小男孩看到了妈妈在给奶奶洗脚的场景。“孩子，工作一天了，歇会儿吧。”奶奶对孩子的妈妈说，但妈妈只是用手轻轻擦去额头的汗水，笑着说：“妈，我不累。”看到这些，小男孩跑掉了。妈妈给孩子的奶奶洗完脚，回到儿子房间却没发现孩子，感到很惊讶。正当她转头寻找的时候，只见小男孩正用稚嫩的双手颤颤巍巍地端着洗脚盆走来，嘴里还说着：“妈妈，洗脚！”

这幅画面曾经感动了很多电视机前的观众。为什么这么小的孩子就如此孝顺、懂事呢？原因很简单，因为他的妈妈就是这么做的，正如这则公益广告的画外音所言：“其实父母是孩子最好的老师。”

父母的一言一行，一举一动，都会对孩子产生潜移默化的作用。因为孩子会模仿，而父母又是孩子最亲近的人，父母的行为会全部投射到孩子眼中，也会让孩子在父母的言行中学到很多东西，好的或者不好的。比如有的父母经常对人很有礼貌，孩子在这样的影响下，自然也习惯用礼貌用语。如果父母很爱卫生，家里总是很干净，那么孩子是不可能整天脏兮兮的，孩子也会很自然地爱干净、讲卫生。反之，如果父母整天吵架，骂骂咧咧的，孩子天天生活在这种环境里，也会学会很多父母吵架骂人时候的话语，然后在和外人交往的时候就会表现出来。如果父母想要让孩子变成一个优秀的人，那么最有效的方法就是父母先做个优秀的人，因为父母永远都是孩子最好的老师！

第二节　言传身教，学会“爱而不露”

如何做好孩子的第一任老师

育儿智思：天底下每一个父母都有一个共同的心愿，都渴望自己的儿女长大成才。我们常说爸爸妈妈是孩子的第一任老师。这老师可不好当啊。说得再多再好，不如给孩子做出好样子看。身教重于言教。希望自己的孩子做到的，我们做父母的自己就应该保证率先做到。

平等地对待自己的孩子，就要放下“家长”的架子，真正把孩子当成是朋友，多鼓励他，不要轻易放过孩子的哪怕极微小的“闪光点”。通过表扬，树立孩子的信心和自尊。孩子犯了错误，千万不能以打骂代替教育；要帮助孩子分析并找出犯错误的原因，指出错误的危害及严重性；告诉孩子以后怎样少犯或不犯此类错误的方法。

其实正确的施教诀窍很多。所谓润物细无声，平时的正面引导，加上潜移默化的和风细雨式教育会事半功倍。人们常说：“勿以善小而不为，勿以恶小而为之。”随手乱丢一张纸屑、轻易沾染一点污渍，绝不可对之轻视。另外，必须从我做起，学会见人一声亲切问候。这是对人对己的尊重。一个会心的微笑就是对人的赞许。要正确呵护自己的孩子，要用自己好的言行去影响他，用至理名言去激励他，用古今中外的典故去启迪他。要求孩子讲文明话，办文明事，做文明人。

有句名言：播下一个行为，收获一个习惯；播下一个习惯，收获一个品格；播下一个美好的品格，收获一个灿烂的人生。家庭是社会的细胞，这细胞各不相同。在不同的家庭中，家庭教育也未必都相同。我们不仅需要自己经常学习、思考，更要借鉴他人成功的经验，完善自己。首先一点，身教重于言教，建立良好的家庭教育氛围，对孩子的成长益处很大。所谓“有其父必有其子，有其母必有其女”“将门出虎子”“穷人的孩子早当家”等说的都是家庭教育氛围的作用。

我国著名作家老舍，生平一直坚持自己收拾屋子，擦桌凳。他的穿着不求华贵，只求整洁。他的衣服永远都是整整齐齐，一丝不苟。这些都是得益于他的母亲，正如他自己所说：“从私塾到小学，到中学，我经历过很多位老师。其中给我有很大影响的，也有无影响的。但是我真正的老师，把性格传给我的，是我的母亲。母亲并不识字，她给我的是生命的教育。”

可见父母给孩子的影响是多么的深远。因此作为孩子的启蒙老师的父母，一定要严以律己，从小事做起，从我做起。“不以善小而不为，不以恶小而为之。”为孩子树立一个良好的榜样，创立一个团结和睦、积极向上的家庭教育氛围。

“示弱”的父母“巧”爱孩子

观点碰撞：有些父母不仅爱孩子，还知道用最好的方式，既给予孩子最体贴的爱，也不忘教育孩子。这样的父母是聪明的父母，他们爱孩子，也懂教育，往往用突破常规思维的方法完成对孩子的教育。

有一个故事，发生在商场儿童玩具专卖柜前。一个小男孩坐在地上，大声叫道：“我要电话机，我要那个电话机。”他这么撒泼地一嚷，周围人的目光都聚了过来。只见他的妈妈平静地说：“贝贝，你最好给我起来，我数一、二、三。”他才不怕，继续嚷着。这时，妈妈一屁股坐到他旁边。像他那样踢着脚：“我要一部车，我要房子，还有珠宝。我还要……”他吓得立刻站起来，他眼泪汪汪请求：“妈妈，妈妈你起来啊！”周围愣住的人，开始鼓起掌来并小声地夸赞：“这真是个聪明的妈妈。”

这真是个懂得示弱的妈妈。是的，孩子以为，他们要什么，我们大人就能弄出什么来。他要电话机玩具，就得给他买下来。他要真的电话机，就得递给他样式新颖、价格昂贵的名牌电话机。哪天，他们想要水里的月亮，天上的星星，我们也得学那一帮猴子，费劲劳神倒挂身子，伸向井里捞去。可是我们能捞起的，不过是一手冷肌凉肤的井水罢了。总有一天，他们要的，我们给不了。不妨从现在开始让他们知道我们并没有那么强大，偶尔示弱。也许，这也是很管用的教育方法呢。

要想让孩子的内心变得强大起来，也许你还得学着做一个“爱而不露”的家长。

现在很多家长特别是老人，视独生子女为掌上明珠，样样事情都要依从他，久而久之，幼儿就形成强烈的“以我为中心”的心态和任性的性格。在这种环境中成长的孩子，受不得一点的委屈和挫折，稍不顺心就会哭闹不停。对于这些任性的孩子，家长的态度最重要。当孩子在受挫后哭闹时，家长要保持平静的心态，听到哭声切不可心烦、焦躁、不知所措，不要被孩子的眼泪攻势所击败。

有时候，学会向孩子“示弱”，这种“示弱”不是对孩子无可奈何，不是对孩子的要求不拒绝，而是换一种思路，让孩子意识到他的“强大”和父母的“委屈”，让孩子有一种类似父母的那种“强大”的感觉，但他看到父母像孩子般，他也会变得很懂事、很可爱，仿佛在呵护比他“弱小”的人一样。

聪明的家长会自我“定位”

问题直击：爱孩子的家长很多，懂教育的家长很少，既懂教育又聪明的家长更少。聪明的家长不是天生的，也是后天“修炼”出来的，家长聪明就聪明在明白亲子关系的重要性，能够给他们做出准确的定位。

培养良好的亲子关系是家庭教育中很重要的一件事。好的关系胜过许多教育。父母什么时候与孩子关系好，对孩子的教育就容易成功；什么时候与孩子关系不好，对孩子的教育就容易失败。而建立良好的亲子关系，其关键在于“定位”。

父母不当“法官”，要学做“律师”。有些父母看到孩子出了问题，便迫不及待地当起了“法官”，这是很危险的。孩子的内心世界丰富多彩，父母要积极地影响与教育孩子，不了解其内心世界便无从谈起。而了解孩子的第一要诀是呵护其自尊，维护其权利，成为其信赖和尊敬的朋友。即父母对待孩子，要像“律师”对待自己的当事人一样，了解其内心需求，并始终以维护其合法权利为唯一宗旨。

父母不当“裁判”，要学做“啦啦队”。在人生竞技场，孩子只能自己去努力。父母既无法替代孩子，也不该自作主张去当“裁判”，而应该给予孩子一种保持良好竞技状态的力量，即“啦啦队”的力量。这样更能帮助孩子建立自信心，而这正是家庭教育的核心任务。

父母做孩子的“啦啦队”，既要善于发现和赞美孩子，还要引导孩子正确面对失败，在挫折前做孩子的战友。

父母不当“驯兽师”，学做“镜子”。孩子只有认识自己才能战胜自己，但他们通常只能依据他人的反馈来认识自己，这时父母的“反馈”作用即镜子的作用就很重要了。不做“驯兽师”，学做“镜子”，才能帮助孩子提高自我意识，才能让孩子不害怕父母的“权威”，转而和父母沟通。

父母对自己有着准确的认识，能准确地给自己定位，就会知道在亲子关系中，该如何构建和谐的家庭氛围，也知道如何尊重规律，让孩子自由自在地成长。这种定位，源于父母对自我的清晰认知，也源于他们愿望为了孩子更好地成长而改变自己。这种定位的基础，就是父母对孩子深深的爱。

第三节　爱他，就送他去“磨难营”

孩子需要挫折教育

观点碰撞：当假期来临之时，城市中种类繁多、形式多样的夏令营活动愈加热闹。孩子们在夏令营里要自己动手搭帐篷，学烧饭，还要翻山越岭，涉水过河，经受着城市儿童平时难以遭遇的各种困难。这一独特的挫折教育，对培养孩子们战胜困难的勇气和毅力收到了良好的效果，因而受到社会各界人士的赞许，这是一个多么令人兴奋、可喜的信号。

有一个小孩，一次在外面吃饭，说和家里吃的鸡蛋不一样，家里的鸡蛋是软的，白皮的，拿着就能吃。原来，是他父母一直把鸡蛋剥了皮才给他吃，以致他不知道鸡蛋的本来面目是什么了。看到这，你一定非常诧异吧？其实这种现象在如今的许多家庭中已是习以为常。父母疼爱自己的子女，这是正常的。但父母的疼爱程度一旦过了头，就不再是疼爱了，而是溺爱。

相比之下，我们的东邻日本就很注意用吃苦耐劳精神来陶冶年轻一代的情操。就拿中小学生来说，日本一些学校订有校规，不准大人接送学生，还规定中小学生在一定距离内（一般是2公里）都必须步行上学，以锻炼他们的体魄，磨炼他们的意志。日本是个富国，物质生活比我们富裕得多，尚能从学生步行上学的小事做起，有目的地培养孩子们吃苦耐劳的品德，这对我们中国的家长是不是也有些启示呢？

古人早就有“天将降大任于斯人也，必先苦其心志，劳其筋骨，饿其体肤”的训诫。放眼古今，凡是有成就者莫不是经历了很多苦难而后才有大作为。现代著名美学家朱光潜教授有句名言："有钱难买幼时贫"，一个人在成长的过程中，如果经历过贫困，并非是坏事，有时候，恶劣的环境也会锻炼一个人，帮助一个人成才。

当然，人们物质生活水平的不断提高是历史发展的必然，也是我们的共同愿望。提倡让孩子吃苦，受挫折，绝不是鼓动人们让孩子们再去过那种"衣不遮体，食不果腹"的史前生活，也不希望孩子们再经历前辈的困境。而是要注重从小锻炼孩子坚强不屈的意志，磨炼他们不畏艰难的精神，使他们在各种挫折面前更有抗挫能力。

从这种意义上说，让现在的孩子去参加夏令营和军训活动，让他们有机会体验一下相对艰苦的环境，提高他们自己动手动脚的能力，感受生活艰难不易，懂得珍惜父母劳动成果，进而激发他们吃苦进取精神，培养独立而健全的品格，这无疑是必要的。

大自然中，那彪悍的雄鹰在雏鹰出生后不久就狠下心来，把雏鹰赶出家门，让它们到大自然中去磨炼，这也就是为什么它们鹰家族能有一席之地的原因！这不也为我们提供了很好的典范吗？

一位送孩子参加夏令营的家长感慨地说："孩子在家里什么也不缺，唯一缺少的就是锻炼，这一课一定得补上。人必须得成长，只在顺境中生活。那么无异于温室中的花朵，注定受挫必碎。虽然我也很舍不得孩子受一点点委屈，可是为了孩子的未来，我愿意让孩子经受考验！"的确，让孩子受点磨难，也不是坏事！这样，孩子们在今后的人生道路上，才会像雄鹰般展翅高飞。

腹中空空的鹦鹉

育儿智思：人生无坦途，一个人降生于世，就要准备走漫长艰辛的人生之路。如果孩子从小就是娇宝贝，当长大了在无人保护的情况下，就无法面对这些突如其来的变化，更无能力去摆脱、去战胜这些困难和险情。因此父母要主动地去磨炼孩子，要硬起心肠，让孩子接受一定的锻炼，形成坚强的意志。

有这样一个故事，有一人家的虎皮鹦鹉飞出笼子逃走了。十多天后，在山坡的树林里找到了它的尸体。看林的人说：“家养的鸟儿，用不着找吃找喝，慢慢地会失去了找食的本领。一旦飞出笼子，难免饿死。”主人半信半疑，解剖一看，果然肠胃空空，没有一点食物渣子，而林中秋实累累！

这个故事给人很多启示，生活中像虎皮鹦鹉似的孩子还真不少，造成孩子生活低能的罪魁祸首是为孩子事事包办的家长。现在孩子多为独生子女，父母为他们创造了优裕丰厚的条件，捧在掌心怕碎了，含在嘴里怕化了。对他们的要求是有求必应，唯恐照顾孩子不周，总想为孩子的成长铺就一条长远舒坦的阳关大道。

也难怪有的父母大发感慨：做父母难哪！总是为孩子无限担忧，一泡屎一泡尿拉扯大。在娇生惯养、过分溺爱之下，孩子自然是衣来伸手，饭来张口。有的孩子七八岁尚需父母躬身喂饭；有的十来岁洗澡还需父母替他找衣服，甚至动手揉搓；有的十六七岁竟然等着父母给他做饭。许多父母，有时候也会感慨，现在是一代不如一代！但说归说，说完之后，还是埋头做孩子的“牛马”去了。

随着生活条件的改善，对孩子生存的能力问题应具备一些忧患意识。锻炼孩子的自立、自理、自强能力，再也不能只挂在口头上了，应切切实实落实在日常生活的行动中，让孩子学会在惊涛骇浪中挣扎拼搏，接受实际困难的洗礼，依凭自身能力去处理好周遭问题。

当然，磨炼孩子的方式是多种多样的，但应从力所能及这个角度去考虑。幼小时，让他们自己吃饭洗脸穿衣；年龄稍大时，让他们做扫地、刷碗、洗衣等家庭事务，也可以让孩子参加一些有益的社会实践活动。农村的孩子假期可让他们参加田间劳动，品尝劳动的艰辛和收获的喜悦；城市的孩子，父母可为他们创设体验环境，以便增长对生活的真知灼见。切忌费尽心机事事包办到底瞎操心。

总之，做父母的要当好孩子的良师益友，让孩子投入到火热的生活中磨炼自己，切莫做捆住孩子的缰绳，害了孩子的大好前程。

第四节 “雷区”旁边的温馨提醒

不能缺的“安全常识课”

观点碰撞：从出生开始，孩子对周围世界充满好奇心，好奇心驱使他们不断地去探索周围的世界，运用感觉器官去认识周围世界，但是他们却常常没有觉察到潜藏的危险。父母不要禁止孩子对外在世界的探索，因为这是他们认识外在世界的方式，但是要经常留意孩子的行为，见到孩子的行为可能导致危险，就立即制止。同时，也要教会孩子基本的安全常识。

床上不要放置衣物或其他的东西，特别是各种包装袋、塑料纸、尿布、衣服等杂物，避免婴儿窒息。冬季使用热水袋、取暖器、热水瓶时一定要小心，稍有疏忽就容易造成孩子的烫伤。冬天的取暖器一定要有围栏保护，收妥细小物品和易碎物品。

孩子长到一定的时候，喜欢不管什么东西都想往嘴里放，家里不要把诸如纽扣、玻璃球、豆子、棋子、药片等体积较小的东西放在孩子够得着的地方，以防婴儿吞入口中，造成伤害。药品和化学清洁剂、洗涤剂更应放在孩子拿不到的地方。

薄利器皿和瓷器都属于易碎物品。孩子碰到或玩耍时抓握不慎就会弄碎，割伤或刺破皮肤。孩子年幼无知，不知道皮肤碰到高温时会产生什么后果。因此，家中的热水瓶、刚用完的电熨斗、装有热水的杯子以及刚从火上取下来的锅、茶壶等都应放在适当的地方，确保婴儿不能碰触到。孩子日长夜大，活动能力在不断增加，活动范围也不断地扩大，为了安全起见，刀、剪刀、毛衣针等尖锐锋利的危险品必须收妥。婴儿拿到后，常爱模仿大人而胡乱摆弄，而误伤自己。

此外，尖头的筷子、削好的铅笔等带有锐尖的东西，也不要让孩子拿在手里玩耍，以防戳伤，特别是眼睛。当心电源、电线和家具的锐角。电源插座最好放在孩子触碰不到的地方或家具后面。暂时不用的插座应该贴上胶布。婴儿可能触摸到的灯口上一定要安上灯泡。

另外，要教育孩子不拉电线、不咬电线。孩子淘气爱奔跑跳跃，容易摔跟头，有锐角的家具是危险的地方，应贴上海绵或橡胶皮，同时引导孩子到比较空旷的房间里玩，防止碰伤撞伤。

这些日常防护的知识，虽然很多父母平时也注意到了，但是还是需要引起父母的高度重视，尽量避免在这些安全常识上，让孩子因为父母的无知或者疏忽而受到伤害。这些知识都是父母不能缺的“安全常识课”，值得父母认真地学习。

什么时候该对孩子说“不行”

育儿智思：每当看到孩子的危险行为，父母一定要坚定而迅速地予以制止，对孩子来说，为了他们自身的安全，他们也需要学会知道行为禁区在哪里。孩子像个小小探险家，对一切都充满好奇，什么都想去碰一碰，摸一摸。而父母们呢，就像一个尽职尽责的管家，跟在他后面说着一连串的“不行”！

当孩子在做危险的事的时候，父母要说“不行”。生活中不安全的因素很多，那些我们平日看上去不算什么、都能操纵自如的东西，却当孩子好奇地伸出手时，危险就出现了。防患于未然是最保险的，要坚决制止孩子把手捅进电源插座里、玩火柴等危险行为，更不要从阳台上开着的窗户里扒身外探。一旦发现孩子这样做，成人绝对不能姑息纵容，立即果断地说“不行”。

当孩子超越规则的时候，父母要说“不行”。孩子需要一定的规则，这既能让孩子明确是非对错的观念，还可以培养孩子的自我约束和控制能力。倘若你平时要求孩子吃完饭后才看电视，但是今天他就是不好好吃饭，而且还非得看动画片，那么这个平日里他一直遵守的规定就绝对不应该有例外。否则，这个头一开，以后孩子还会这样反复要求。规则就应该是要养成和加强孩子对行为的调节能力，限定什么是孩子必须要遵守的规则，让他懂得哪些是他不能控制和超越的权限是非常重要的。如果他想超越这个权限，比如在公园玩滑梯不排队，家里来了客人他却非要你带他赶紧出去买玩具。这时你可以没什么商量地拒绝他，底气十足地向他说“不行”。

当孩子威胁到自己或他人的安全的时候，父母要说“不行”。美美从1岁半开始，只要大人不顺她的心意满足她，她就会用手掐人，甚至还咬人。要是有人被掐痛了咧嘴叫，她还以为你在和她开玩笑，抓得更使劲了。这就是幼儿最初的反抗和对他人身体的攻击。这个时候，妈妈就要紧握住她的手，告诉她“不行”。尽管这么小的孩子还绝对不至于威胁到大人的安全，但是很多儿童在进入幼儿园后，会出现对他人的攻击性行为，打人、咬人、抢玩具，会对其他小朋友造成伤害。

当孩子推卸责任的时候，父母要说“不行”。即便是再小的孩子，都知道犯了错误是件令他害怕的事情，他会为了逃避惩罚而推卸责任，乃至说谎话。这时，大人就要对他的这种行为说“不行”，告诉他这种做法是错误的，每个人都要对自己的行为负责任。还有，当他不做那些他应该做的、力所能及的事情时，比如出门玩，不自己拿水壶，家长也要说“不行”，拒绝他把自己的事情推给别人做。

第五节　教育，要耐心更要悟性

耐心是一种教育智慧

育儿智思：心情好的时候，全世界都阳光灿烂，面对孩子是能够有耐心的。但心情不好的时候，很难对孩子有耐心。似乎心情是影响成年人对孩子是否有耐心的根源。但最终的根源是成年人不了解教育，没有把握好教育的艺术。

因为小梅参加一个圣诞活动，孩子的爸爸要加班，小梅只能带着儿子壮壮一起去。可是小家伙儿并不配合，他正在感冒，又向来不喜欢人多嘈杂的环境，所以一直表现得心烦气躁，不停地跟妈妈闹着小别扭，而小梅又要和其他朋友说话交谈。因为孩子一直在吵闹，小梅当时感到很狼狈，差一点没控制住自己的情绪，马上就要冲着儿子发作开来。但最后还是忍住了，小梅想，自己工作太忙，平时只能把孩子交给老人带，而当自己好不容易抽出一点时间来与孩子相处时，又总是对孩子不耐烦，总是对孩子没耐心，想摆脱孩子，这是怎么了？

保持耐心，对于每个妈妈来说都是一个巨大的挑战。谁都想做一个很有风度、很有涵养的妈妈，但太多的理由又使我们常常事与愿违。人的情绪很容易被激化，有时候父母没有控制好自己的情绪，事情只能朝着更糟糕的方向发展。有的父母性格较为急躁，对孩子不耐心，这个急躁有可能来自于工作，来自于生活的压力；或者家长望子成龙心切；或者平时和孩子相处不够，情感上相对疏远，以至于没有养成和孩子交流的习惯；或者家长对待孩子的问题上责任心不够强等等。

如果家长像上文中的小梅一样，性格急躁，要学会克制，多听舒缓的音乐，平时多做些柔和的运动（如散步、瑜伽等）放松心情。如果是生活的压力，那首先就应该树立正确的观念，将压力和孩子划清界限，适当做些宣泄（如购物、散步、倾诉、哭泣等），使情感适当舒缓，避免情绪影响到孩子，毕竟不是孩子给你制造了压力。

有的父母在外工作，平时和孩子不在一起，这样的情况下，父母应该常回家，及时了解孩子成长情况，增进与孩子的感情，或者常给家中打电话，打电话口气要柔顺，树立你在孩子心中的形象，这样可以尽量避免孩子因为觉得孤苦伶仃，缺少家庭温暖而产生过度叛逆、孤僻等性格，也可以避免孩子和家长之间冷漠的尴尬。

总之，父母对待自己的孩子要耐心，耐心是一切教育的关键。没有耐心的父母，就没有好孩子，没有耐心的父母，也没有成功的教育。在孩子的成长过程中，孩子会犯错，会调皮，会吵闹，但是，只要父母耐心，一切都不是问题，耐心会让孩子感受到父母真切的关爱，会让孩子快乐地成长。

做愿意“等待”的父母

观点碰撞：每一个父母都希望自己的孩子从小就优秀，总是对孩子寄予很高的期望，但我们总是太急了，我们太不愿意给孩子等待的时间了。我们总是把自己的焦虑转化成了孩子的焦虑。其实，教育是发现和等待的艺术，等待孩子，自然地成长。

楠楠读初中时就对她妈妈说过“我为什么这么努力了，成绩还不能提高”这样的话。让人想到的是爱迪生的这句格言，“成功等于 99% 的汗水，加上 1% 的灵感。”他说的是，“但是那 1% 的灵感最重要，甚至比 99% 的汗水还要重要”，他不是和大家开玩笑吗？他说的是什么意思啊？他强调的是人身上那个特质才是最重要的，如果你不具备这个特质，那么你在这个可能“不属于”自己的领域，哪怕再勤奋，你能够获取的“荣耀”大概也极为有限。

这一点，真是最大的麻烦，也是我们学校教育和家庭教育的困惑所在。现实情况常常是，只要孩子的成绩没有达到父母、老师、学校、社会所要求的那个标准，你很可能首先想到的不是孩子不努力、不勤奋，就是孩子的努力还不够到位，其实这样的评价貌似很公正，实则忽视了个体差异，忽视了每一个人身上很要命的生命秘密。当然，有的时候还有另一种情况，就是那个“1% 的灵感”它本身也是变动的，可能在某个阶段，它是混沌一片的，而到了另一个阶段，它则是灵光闪现，一下子豁然开朗了。

从这个意义上说教育好像就是发现和等待的艺术。像最杰出的华人电影导演李安考大学考了三次，最后上的是家人并不满意的艺专。而像爱因斯坦这样伟大的科学家，他的天分也并不表现在童年时的语言发展上。这样的迟缓，不在状态其实也不是什么特例，也许每个人都有他的短处，都有他找不到感觉的领域，尤其在童年时因为父母什么都看不出来，特别没信心，因而他任何的短处，或者不适应学校，不适应学习之处，都成了父母最大的焦虑。

孩子背一首古诗，背了一个下午还不会，母亲在边上早就听会了，十分苦恼，自己的孩子就这么笨啊。这样的事在生活中也是时有发生的。家长首先不能说他不用功，甚至也不能急着说他不用心。他不会一定有他的问题，就好像一个机器的螺丝可能没拧紧，某一个小的窍门没有被打开，某一个灵感的闪现点没有被点亮，这一切要是他自己能知道，能改善就好了。可是问题恰恰在于这样的“知道与改善”正是教育工作的核心所在，是需要做大量工作的，有时也需要经过漫长的时间。

对父母而言，不是生气，不是责怪，更不是失望和恼怒。好父母就是有耐心的人，等待孩子思维的觉醒，鼓励他的觉醒，相信他，无论遇到什么情况，总是保持自己的信心，即使等不到孩子真的“觉醒”的那一刻，也不泄气。

第二章

丢掉技能盔甲，蓄养孩子的人格特质

现在不少的父母会让自己的孩子学习各种技艺或技能，有一些是出于功利目的，也有些是为了培养孩子的全面的素质，但这些技能如果不是孩子的兴趣，那就会给孩子很大的负担和压力。如果不是孩子的最爱，技艺再精绝，对孩子而言，那就意味着痛苦也越多。其实，培养孩子的人格，比掌握技能更加重要，孩子有一颗美好的心灵，比有着精彩的技能更重要。让孩子爱上阅读，让孩子参与家务事，让孩子学会感恩，会让孩子形成良好的人格特质，这才是孩子成长路上最闪光的地方。

第一节　家务事，孩子人生的基础课程

让孩子在做家务中体验快乐

育儿智思：给孩子布置家务，是让孩子建立自我价值感和相信自己能力的一种最好的方式。习惯于承担家务的孩子，在走向成年的过程中，往往比那些缺乏这种体验和责任感的孩子更容易适应生活。

让孩子建立自我价值感、自信心与责任感的一个好办法就是给孩子布置一些适合他们干的家务劳动。从小就干家务活儿的孩子长大以后，往往比不干家务的孩子更懂得如何照顾好自己。他们从小就懂得干好一件工作是多么有价值，每完成一项工作是多么让人快乐。如果孩子学会了为家庭奉献，父母和孩子双方都会从中受益。当孩子能够分担家里的一些家务活儿时，爸爸妈妈就可以把更多的时间花在和孩子玩耍、交流上，而不必整天忙于家务。

父母在考虑给孩子分配家务时，很容易走入的第一个误区就是低估孩子的能力。当然，哪个孩子也不愿承认自己实际上比父母想象的要能干得多。如果孩子知道怎样在互联网上冲浪，知道怎么把积木搭成一栋10层的小楼，那么他也会知道怎么去擦起居室里的踢脚板，怎样去给地毯吸尘。

有位妈妈说道："不要低估孩子，我的儿子从两岁就开始帮我干家务活儿。我干活儿时，他会满屋子跟着我，我把筐里的旧垃圾袋收走，他马上就在筐里套上一个新的。现在，他还兼干着其他几件家务。他为自己感到十分自豪，在他要求干其他活儿时，我通常也欣喜地批准了。看到他干家务时如此认真，我真的很高兴，干家务使他变得更加独立。"

有的父母以金钱作为回报，来让孩子做家务，这是个人的爱好和选择。每个孩子期待的回报都不一样，但很重要的一点是，你要教会孩子的是责任感，而不是去贿赂他们。在所有的回报中，赞赏是孩子最喜欢的。当孩子认真地完成了一项工作后，不要忘了告诉孩子，他做得有多好。“当我的孩子们在家时，我每周给他们布置家务劳动。我在一块可以擦的白板上写下一周的家务活儿。”一位妈妈说，“像洗盘子、叠毛巾、扫地、吸尘以及清扫卫生间这些活儿孩子们都干。他们还负责整理自己的卧室，把所有的衣物都收拾好。”

家务活，孩子在参与中成长

观点碰撞：现实生活中，许多家长都对孩子有过这样的教导：“只要你好好学习，要什么都给你，家里的什么事情都不用做。”在一些家长看来，孩子的唯一任务就是学习，而做家务是孩子的负担，必然会影响学习。家长认为既然自己不能代替孩子学习，那就索性把一些完全可以由孩子来做的家务活全权代理。那么，孩子做家务真的会耽误学习吗？家务活与孩子学习之间的关系又是怎么样的呢？

有些家长认为，孩子做家务，经常帮倒忙，不仅有危险，还会耽误学习，所以很少让孩子插手家务，其实这反倒不利于孩子的全面成长。一些儿童教育学家主张孩子应该干点家务活，他们的调查研究证明，干家务活的孩子，其智力发展水平都较不干家务活的孩子高，独立生活能力较强。如果安排得当，孩子做家务活是不会影响到学习的。如果每天家务活总量一般控制在 30 分钟左右，并且持之以恒，养成习惯，孩子的责任感和工作能力一定会越来越强，学习成绩一定会更加突出。

孩子是充满了活力和激情的，他不会像成人那样把劳动当成做“家务”，他会认为这是另一种游戏。让孩子通过做家务增加知识储备，本身就是促进孩子学习的好方法。家务活里所涉及的生物、物理和化学知识等学科知识，可以成为孩子开展课外学习的好途径。

因此，家长应善于引导孩子发现生活中的科学常识，并思考其中的原因。比如，爸爸可以教孩子换灯泡，让孩子根据所学的物理知识，列出需要注意的事项、如何操作等；孩子帮妈妈择菜，妈妈可以让孩子多观察植物叶、根、茎的特点，复习他学习的生物知识。

常做一些力所能及的家务劳动，能增强孩子学习主动性，丰富孩子的生活内容，调节其精神状态，促进其高效率地学习。做家务能增加他获得多种感官刺激的机会，增加感官体验，锻炼他的动手能力，促进孩子的文化学习。有些孩子在生活中几乎不参与家务活，在学习上就容易懒惰，能动嘴不动笔，能不动就不动。这种个性一旦形成就会影响他学习的主动性。很多家长抱怨自己的孩子有做事懒惰的坏毛病，自己的事情懒得打理，做数学题懒得演算，总想一下子就得到答案。

第二节　传递“爱心祝福”，做好“亲情补位”

如何对孩子进行感恩教育

观点碰撞：良好的思想品质、完善的个性心理、健全的人格是孩子适应未来社会生活的重要保证。但是我们也看到，家庭教育、学校教育的某些缺位，导致很多学生出现了人格上的偏差。在家庭中，父母要对孩子进行感恩教育，传递爱的温暖，使孩子成为一个心理洒满阳光的人。

“感恩的心，感谢有你，伴我一生，让我有勇气做我自己；感恩的心，感谢命运，花开花落，我一样会珍惜……”一首饱含深情的歌曲，已经在中华大地上传唱了多年，时至如今，依然受到人们的喜爱。可见，感恩的观念正在日益深入人心。

近些年来，随着独生子女的增多以及父母等长辈对孩子的娇生惯养，许多家长在对孩子的培养上，往往只重视孩子的智力开发，而忽略了对孩子的品德教育。一个人只有知道了别人对自己的付出和关爱，才会产生报恩的意识。要亲身体验，父母给孩子吃，给孩子用，如果孩子体验不到关怀和爱等情感，就会认为那就是父母的义务，也不会产生感恩的心。父母为孩子做事，许多孩子向父母表示“您辛苦了”的时候，父母往往说“你把书读好就行了”等，父母如果没有对孩子的感恩行为进行鼓励的话，也会在无意中把孩子自发的感恩之心给扼杀掉了。

很多时候，孩子没有感恩之心，是因为父母在生活中对他没有这方面的要求，没要求他对父母付出感恩。那么，作为家长，应该如何对孩子进行感恩教育呢？

首先，父母要为孩子做出榜样。作为父母，我们应该常怀一颗感恩之心，尊老敬老，善待我们身边的人和事，无论是对领导，还是亲戚朋友，只要他们曾经帮助过自己都应心存感激。只要父母坚持做到：以身作则，言行一致，让孩子感到榜样就在身边，那么感恩教育就有希望了。一个人是否有感恩之心，与他所处的环境、所受到的教育是密不可分的。作为一个孩子，从小培养他具有感恩的心是至关重要的，让孩子知道感恩，是每一个家长的重要责任。父母是孩子的第一任老师，父母的一言一行、一举一动都将对孩子产生潜移默化的作用。

其次，选准时机对孩子进行感恩教育。比如，家长可以抓住孩子生日的契机，对孩子进行感恩教育。孩子的生日就是母亲的“受难日”，“十月怀胎，一朝分娩”，母亲在这个过程中忍受了多少辛劳和苦痛。还可以利用清明节、母亲节、国庆节等传统节日，对孩子进行感恩教育，潜移默化地让孩子由关爱单独的个人扩展到关爱个人所属的团体或集体乃至社会。

当孩子做出某些爱的表示的时候，作为父母你要坦然地接受、重视、珍惜孩子的爱的表达。要真诚地表示感谢，最好能明确地告诉他，你也很爱他，很需要他。这样的环境，才可能生出感恩的心和责任心。感恩是一种美德，是一种智慧，也是一种能力。常怀感恩之心的孩子，更能得到幸运之神的垂青。

让爱的种子在孩子的心中萌芽

育儿智思：爱孩子是每一位父母的本能，为此，爸妈们倾尽所有、不求回报，然而，在父母所给予的无穷无尽的爱下，却造成不少孩子以自我为中心，不懂得体谅他人。要知道，从小学会爱别人，是孩子健康成长、适应社会的必修一课，而“爱”的前提是拥有一颗感恩的心。因此，教会孩子感恩，也是父母“爱”的必经之路。

有爱的孩子才能活得更健康、更快乐。如果孩子连亲爱的父母也不知道关爱，对父母任何付出都不知回报的话，那这个孩子的成长是有问题的。父母应该要及早意识到孩子成长过程中的问题，尽早纠正孩子的坏习惯。

现在的孩子多为独生子女，家长们很容易溺爱，对其进行无微不至的照顾，认为毫无保留地付出就是对孩子最好的爱。长期下去，孩子就会认为家长的付出和对自己的千依百顺是应该的，不但不知道感谢，反而在稍微不如意时就大吵大闹，更有甚者撕扯家长的头发和衣服。这种极度不良的破坏性行为不但让父母伤心，还会给孩子心理的正常发育蒙上阴影，埋下骄横跋扈、自私自利的种子。

不要对孩子付出太多，也不要为孩子打理一切事务。如果父母对孩子的保护过多，那么孩子就会渐渐习惯父母的包办代替，就会认为这一切都是理所当然。久而久之，孩子就很难再感谢父母对他们所做的一切了。父母不要“有求必应”，更不要“无求先应”，不要让孩子拥有的东西来得太容易。对孩子提出的要求，父母应先思考一下是否合理，如果不合理，则坚决拒绝，并且要告诉孩子为什么不合理，给孩子一些经受挫折的机会。不要孩子想星星就一定给他星星，想月亮就一定给他月亮，应该让孩子自己去争取自己需要的东西。当孩子通过一些努力获得所需的时候，他才会知道在父母的爱和保护下是幸福的。同时，父母也不要预先对孩子承诺太多。有些父母总想给孩子最好的食物和衣物，总想为孩子提供最好的生活条件，生活中面面俱到，时间长了，孩子会觉得这一切来得都很容易，甚至认为他本来就应该拥有，于是也不懂得珍惜。

父母还可以经常给孩子讲一讲自己的工作艰辛。每一位父母在工作中都很不容易，但父母们却爱给孩子一张笑脸，怕艰难的现实生活会给孩子带来压力。其实，如果父母们能经常告诉孩子一些自己的苦恼，那么孩子就会在体谅和感恩中渐渐长大。

给孩子“回报”的空间。当孩子想要帮助你做事情的时候，父母一定不要再说“你把书读好就行了”。因为父母最大的责任不是让孩子学会读书，而是让他首先学习做人，这是他能好好读书、把书读好的基础。孩子懂得付出、懂得“回报”，他才会懂得珍惜、懂得体谅。

第三节　让孩子学会自我管理

培养孩子基本的生活技能

观点碰撞：有些最基本的生活自理能力，孩子在四五岁的时候就应该完全掌握。孩子的自我管理就是从这些最基础的生活技能开始。基本生活技能主要指吃饭、睡觉、大小便、穿脱衣服、洗漱等最基本的自我料理能力。

饮食：小孩子吃东西可能要比大人慢一些，但基本上都能吃完，不会剩饭菜，而且能用筷子吃。从小指导孩子用筷子吃饭，用匙子或叉子也可以。让孩子自觉地学会在饮食时应该注意的一些礼仪，比如吃饭的时候不要东张西望，也不可以边吃边玩或端着饭碗到处走来走去地吃。这些行为规范，家长要耐心地给予指导和纠正。

睡觉：四五岁的孩子就已经知道睡觉。但是，往往到睡觉的时候孩子还想玩，磨磨蹭蹭不肯上床，并且装出一点都不困的样子。家长如果碰到这种情况，千万不要认为偶尔几次没关系，即使不困到时间也要让孩子上床睡觉，这是让孩子养成一个按时睡觉的习惯。孩子醒来后要让他自己起床穿衣服，如果孩子做得好，就应当表扬，这样，孩子以后会做得更好。

大便：4 岁以后的孩子一般都能自己上厕所进行大小便了。但是，偶尔也会因玩得太专心而忘记了，有时候也会不小心尿到裤子上。遇到这种情况，家长也不要过分责怪孩子，而应该耐心进行教育，让孩子知道下次不能这样了。另外要从小养成便后洗手的习惯，要让孩子记住，便后必须洗手，不可忘记。

穿脱衣服：4 岁的孩子多数都能自己穿衣脱衣，此时如果还不会，可能是他没能正确地掌握要领所致。遇到这种情况，家长就应该耐心教他。另外，要教育孩子脱下的衣服应该放整齐，不能乱扔、乱丢。还要提醒孩子注意知冷知热，冷了自己会添加衣服，热了知道脱掉些衣服。除了引导孩子自己收拾自己的东西外，还要让孩子把换洗的衣服放在固定的地方。如果他忘了，就应当督促一下，以养成习惯。

洗漱卫生：要从小培养孩子自己漱口、刷牙、洗脸等习惯。每次外出回家、饭前、便后、玩耍以后，要让孩子不忘洗手。有些孩子比较贪玩，衣服脏了也不知道换掉，这时大人就应当提醒孩子及时换衣服。让孩子知道干净的衣服穿在身上才会舒服，从小养成爱清洁的好习惯。如果孩子愿意自己洗澡，要教育孩子洗干净，不能马虎。头发长了要理发，指甲也应定时修剪，养成讲卫生的好习惯。另外，要养成睡觉前洗脸、洗脚的习惯。

教会孩子管理零花钱

育儿智思：俗话说，“穷养儿，富养女”。可如今，“富养”越来越深入每一个家庭。很多家长尽可能地满足孩子的各种要求。尤其在物质上，从不吝啬。可怜天下父母心，在一次次慷慨地给孩子零花钱的同时，有没有想过，若不给孩子灌输正确的管理零花钱的道理，不培养孩子的理财能力，孩子势必会养成随意支配金钱的恶习。那么，零花钱该怎么给？又如何教孩子对金钱的管理呢？

如今，有不少小孩是独生父母生的宝贝，大都有自己的小猪猪储钱罐。除了逢年过节，长辈给的压岁钱，还有一部分是在日常生活中，因为有各种需求而给的。少则几十，多则上千，甚至上万。那么零花钱该如何管理呢？

8岁的瑞瑞，读三年级了。瑞瑞父母都是生意人，朋友圈广，瑞瑞每年过年收到的压岁钱，有四、五万元，而这些压岁钱，都是瑞瑞自己存起来。平日瑞瑞买玩具、课外书等，都是从这里面取。“小家伙从小就很义气，有时候会很慷慨地请同学吃饭。”瑞瑞妈见孩子高兴，也没有说过他。

因为平日工作忙，无暇照看他，瑞瑞妈心里总觉得亏欠。所以，在物质上，总是满足他。但问题来了，“今天花 50 块，明天花 100 块，养成了大手大脚的习惯”。瑞瑞妈一脸挫败感。更困惑的是，瑞瑞现在似乎觉得，这些钱唾手可得，花得心安理得。

同样都是忙碌的父母，果子妈则是这样教育果子的，从小，果子就知道自己家的财务状况，有主人翁意识。果子妈常对她说，现在家里住的漂亮的大房子，以及每天送果子上学的车子，都是爸爸妈妈辛苦赚来的。当其他小朋友的父母在打麻将时，果子的父母都在辛苦工作。别看果子小，可是这道理，她能明白。所以，果子平常很少向父母要零花钱，每年的压岁钱都如数交给妈妈。

家长不能把钱当成表达爱的方式，可酌情给孩子一些零花钱，也可让孩子通过劳动或表现，获取一些零花钱。重要的是，要时常告诉孩子，钱都是爸爸妈妈辛苦赚来的，不能随便浪费。

孩子的零花钱，一部分是逢年过节长辈给的压岁钱，另一部分是通过干家务活，以及取得优异成绩换来的。虽然，有些家长认为，孩子做家务和学习进步是他本就应该做的。但是，通过一些小小的奖励，更能激发孩子们的兴趣和热情。更重要的是，让孩子明白，不管小钱还是大钱，都要靠劳动和智慧换得，而不是一味向父母索要。

第四节　人文精神，孩子的成长之翼

注重人文精神的教育才是完整的教育

观点碰撞：孩子在成长的过程中，能够接受良好的科学文化素质的教育，使孩子们成为掌握知识的人，但仅仅掌握知识是不够的，孩子更需要人文精神的教育，这也是教育的灵魂所在。通过家庭教育、社会教育、学校教育等方式培养孩子对自我和他人生命的人文关怀，将人文精神和生命教育一点点、一滴滴传递给孩子，才是教育所应该追求的永恒价值！

曾听过凤凰卫视的著名记者闾丘露微说她小时候的经历，她说她的爸爸很早就让她明白事理，她不是一个长得漂亮的女孩，但是这并不妨碍她通过自己的努力去得到自己想要的东西，所以，她从来没有因为自己长得不漂亮而自卑，也从来不觉得长得不漂亮是一件多么遗憾的事，当然也没有抱怨过上天不公平，反倒是从小就知道，自己必须很努力。

闾丘露微的爸爸的这种教育观念，这是一种基本的人文精神。人文精神是一种普遍的人类自我关怀，表现为对人的尊严、价值、命运的维护、追求和关切，对人类遗留下来的各种精神文化现象的高度珍视，对一种全面发展的理想人格的肯定和塑造。父母要让孩子学习平等地待人，不管别人是什么身份、什么地位，我们都要尊重他。让孩子从小就知道，清洁工、搬运工和其他职业一样，因为靠自己的劳动获得报酬，所以同样值得尊重；不同年龄、不同性别的人各有不同的特点而已，这不应该成为我们衡量一个人的价值的理由，他们都应该获得同等的尊重。当然，也要让孩子明白，不管你的爸爸妈妈是什么职业、什么身份，你都应该而且可以通过自己的努力来拥有自己的精彩人生。

当然，节省资源也是我们要影响孩子的人文精神的重要组成部分，家长和社会人人有责任帮助孩子从小树立环保意识和养成保护环境的行为习惯，比如让孩子学习垃圾分类，教孩子们选择简单包装的商品，使用可以循环使用的东西，在水龙头、电灯开关等地方永远都贴着“请节约……”的提示，提醒孩子减少浪费，并且和孩子一起拒绝使用一次性餐具等有害生态环境的产品。经常地持之以恒地给孩子一些保护环境的具体建议，让孩子从小学会“保护环境，从我做起。”

人文关爱也应该是孩子的教育中永恒的主题，比如提供机会让孩子认识艾滋病、癌症等绝症，让他们学会怎样关爱有这些病的人；让孩子学习爱父母、爱老人、爱周围的人，教会孩子爱老弱病残的弱者；带孩子做义工，参加捐款等慈善活动，培养孩子的爱心和善心，从小就知道自己的一点点努力，就能帮助有需要的人；教会孩子感恩，感谢父母，感谢周围帮助我们的人，为我们提供服务的人，感谢社会；教孩子享受生活的快乐，一朵花，一颗糖，一杯果汁，都有生活带给我们的快乐感受，让孩子从小就热爱生活，热爱人生……

阅读，人文精神养成的最佳途径

育儿智思：“一个人读什么样的书，也就会成为什么样的人。”阅读是孩子成长过程中不可缺少的教育。有些经典作品是中国几千年优秀文化的积淀，它能将个人的成长和发展根植于中华的土壤，体现出浓厚的人文价值。让孩子爱上读书，是培养孩子人文精神的最好途径。

讲故事给孩子听，是让他们爱上读书的捷径。眼睛观赏着美好的画面，耳朵倾听着动听的故事，脑海中就能够想象出眼前所没有的世界，这种乐趣能够大大提升孩子们的兴致。孩子激动并渴望地想要听接下来的故事，那种乐趣也很值得体味。书籍能够展现给我们一个如此快乐的世界。很少听父母读书的孩子，就很难体会到书中世界的乐趣。这样的孩子，在还无法顺利读出书里的文字之前就勉强地让他们自己去阅读，这样做是无法让他们感受到书中世界的快乐的。

这种强制性的阅读，除了让他们感觉到痛苦之外，毫无用处。能够阅读并理解书中的文字，脑海中想象出书中的场景，这样的能力并非是由孩子的年龄或者所处的年级来决定的。共同拥有这样的感动，能够使人与人之间的关系更加亲密。因此以读书活动为主要内容的课程安排也会起到良好的效果。当然，这种做法也很适用于亲子之间的阅读。

父母读书给孩子听效果会更好。坐在爸爸或妈妈的膝盖上，一边感受着身体和亲情的温暖，一边心情跟随故事中登场的人物起伏不定，随着故事的推移亦喜亦忧，可谓是人生中最为幸福的时刻。大概再没有比这种共有的美好时间更加可贵的东西了！通过这样美好的共有时间加深与孩子之间的亲密关系，会对孩子的人格形成产生不可估量的正面影响。读书给孩子听，使孩子爱上读书，能够帮助他们提升语言方面的能力，而事实上，其作用远远超乎我们的想象。

阅读是孩子成长发展的需要，书籍是通往心灵的小路。苏霍姆林斯基提出："只有能够激发学生去进行自我教育的教育，才是真正的教育。我坚定地相信，少年的自我教育是从读一本好书开始的，并且表现为他能用最高的尺度——那些英勇的、忠于崇高思想的人们的生活来衡量自己。"

一个人在童年时期的阅读经历，对他们日后情感世界的构建、价值取向的定位、人生态度的形成等，都起着不可估量的作用。阅读的潜在影响是非常深远的，优秀作品的影响力可以延续相当长的时间，一部伟大作品引起的心灵震荡，甚至能影响人的一生，改变人的命运。有人说"思想是一把火"，那么阅读便是薪火承传。让我们的家长、我们的整个社会都来注重人文精神的养成，在孩子幼小的心灵里种下人文精神的种子吧！

第五节　保持冷静，给孩子自由之所

自由，孩子创造力的源泉

观点碰撞：现在很多家长管理孩子特别严，不让孩子干这个、干那个，生怕孩子出事，什么都限制孩子，孩子说去门外玩一会儿，家长阻拦孩子；孩子说画画，家长担心耽误学习时间，不允许；孩子说听音乐，家长斥责孩子不好好学习，反对孩子听。总是限制孩子的活动，只是一味地让孩子死读书，这样下去会限制孩子的成长，会使孩子丧失很多成功的机会。

大发明家爱迪生说：“自由是发明创造的源泉。”要想让孩子成功，就要充分给孩子自由，让孩子在自由、快乐中学习、生活和创造。

一个很知名的漫画家，人们特别欣赏他的漫画，记者请漫画家谈谈是怎么当上漫画家的。漫画家说：“这源于父母给我的自由，小时候家里穷，连根铅笔买起来都费劲，没办法只好用木炭和石膏画，那时候家里的地板是水泥地板，墙都是白灰墙，有时候妈妈烧火，我就用没烧完的木炭在墙上涂鸦，画喜鹊、青蛙、黄牛，什么都画，爸妈从来不批评我乱画。墙画满了，父母就用白灰水把墙壁又刷白了，我又接着画。有时候在墙上画累了，就在地板上用石膏画，想怎么画就怎么画，觉得特别自由，画着画着，就迷恋上了漫画，由涂鸦之后喜欢上漫画，最后我就有意识地去画漫画了，成功的根本点就因为爸妈给了我自由。其实，我有一个邻居跟我一样，但是这个邻居的父母爱干净，他小时候也爱涂鸦，他在他们家墙上画了两次，爸妈就打他，说他不讲卫生、败家子、淘气鬼，本来他画画的天赋比我好，最后因为爸妈老打他，不让他画，扼杀了一个比我还好的漫画家。”

当孩子刚开始上幼儿园，许多家长便开始打算起来：让我的孩子学什么好呢？音乐还是舞蹈？美术还是书法？如果学音乐，是学钢琴还是学手风琴？也难怪，可以学的东西实在太多了，家长们不太了解的东西也实在太多了。于是，这便成了家有龄童的家长们的共同“问题”。

有位孩子的母亲是个大学艺术教育者，她的丈夫也是个艺术爱好者，在孩子刚念小学的时候就为他请了钢琴教师。然而不久他们发现，孩子虽然继承了他们感受音乐的“耳朵”，但是他对自然界的现象更感兴趣，自己去找父母以前读的化学、物理教科书看。这种“主动”，与扭头巴望着练琴时间快快结束的他真的判若两人。开始父母很不以为然，还是盯着他去完成每天的练习曲，只是并不阻止他看各种化学书或者鼓捣家里一切可以成为他“做化学实验”的东西。结果不久学校老师告诉我，儿子的化学知识已经达到相当于一个初三学生的水平了！惊讶之余，他们重新审视自己的教育方法并且请教了有关的专家，最后采纳了“顺应孩子的兴趣与天赋，让孩子自己选择课余爱好”的建议。现在，他的儿子由于在电脑和化学上的优异成绩已被保送上了医科大学。他不仅可以天天进入他的科学世界，而且还能用电脑以他对音乐的理解和感受为父母剪辑甚至改编舞蹈教学音乐而分毫无爽，成为他们家戏称的“权威人士”。

真正给孩子自由的空间，让他们的生活少一些约束和羁绊，多一分理解和信任，让他们活得快乐些，也许有一天父母会收获一份意想不到的惊喜。

禁锢不是真正的疼爱

育儿智思：现在很多父母有一个误区。他们往往对孩子照顾得细微到极致，从孩子几点起床、几点入睡到孩子看什么书、玩什么游戏，不但过问，还要干涉。这样的强制生活对于孩子来说，几乎和牢狱没有什么不同。即便物质上再优裕，也是很难忍受的。

尽管父母的用意是好的，但是如果把孩子能自由支配的时间全部规定得死死的，孩子看上去一刻都不闲着，那么孩子永远也长不大。为什么呢？因为一个真正长大的孩子，他是一个独立的孩子，必须有自由，能够按照他的需求来安排他的生活。

什么是快乐的孩子？我们每个人的经历都会告诉自己，自由的孩子是快乐的孩子。在儿童时代大家都很贪玩，其实玩是孩子的一种学习的方式、交友的方式，是他锻炼胆量、锻炼意志的方式。有的时候孩子的这种玩能给他带来很大的成长的动力和人生的启示。

为什么现在的孩子有的时候对事情缺乏热情？可能就是孩子的自由的游戏太少了。一天24小时都是大人给安排，什么时候上课，什么时候自习，什么时候写作业，什么时候睡觉，没有自主性。没有自主性的生活，孩子不可能有热情。一个人如果总是被动地生活，那他的人生是很可怜的。自由能激发了孩子的梦想，让孩子兴趣盎然。一个自由的童年是孩子一生中宝贵的财富。

一个具有健康人格的人是自由的人，而自由主要体现在这个人能够自由、有选择地支配自己的行为。这种自由感不是凭空产生的，其中，很大一部分来自童年时期对自由支配时间的体验。但遗憾的是，根据调查发现，城市独生子女每日可支配的自由时间只有68分钟。这说明我们没有给独生子女足够的可自由利用的时间。相反，我们却用功课和其他有关学习的活动占满了孩子的时间。

自由支配时间，还意味着儿童具有热情的实现自我、用创造性的方法表达自我的机会。剥夺儿童的自由支配时间，实际上是在剥夺儿童成长和发展的机会。对城市独生子女的调查表明，有更多自由支配时间的独生子女，自信心更强，并且比自由时间较少的孩子有更强的成功需要。因此，父母们应转变观念，帮助孩子有效地利用时间，发现生活乐趣，展示自己的才华，让孩子成长为具有健康人格的人。

第三章
循序渐进，人生要慢胜

孩子的成长是一个循序渐进的过程，并不是越快越好，要长成参天大树，就得经历自然界的风吹雨打。那些温室里培育出来的花草，或者是人工管理得好的树木，往往在面对风雨时显得弱不禁风。很多成大器的人并不是天生具有过人的天赋，也不是靠别人给他很高的起点，他们大都是靠自己一步一个脚印走出来的。人生就像长跑，在起点处跑得快不代表一定会赢在终点。孩子的成长就如同长跑，父母们要慢养，不给孩子太多压力，让孩子轻松地起跑，自由地奔跑，也许，孩子终会赢在终点处。

第一节　延迟满足，让心灵健康成长

“先吃苦，后享福”

观点碰撞：有的小孩子喜欢吃蛋糕，在吃蛋糕的时候，他喜欢先吃蛋糕上的奶油，不把奶油全部吃完，是不肯吃蛋糕的。这只是一个个人的习惯问题，也没什么不妥。但儿童教育心理专家却说，这里面大藏玄机。

像这种先吃奶油的习惯会对孩子将来学习、生活、工作产生不良的影响，专家解释道：“因为奶油毕竟不多，当很快吃完再吃蛋糕时，就会感到蛋糕不如奶油好吃。而如果先吃蛋糕，感觉蛋糕还挺好吃的，再吃奶油时，奶油会更好吃。”这就是所谓的“推迟满足感”，如果吃蛋糕时不把奶油一口气吃完，或者先吃蛋糕，后吃奶油，就可以享受到更甜美的滋味。“推迟满足感”意味着不要贪图暂时的安逸，要学习设置人生快乐与痛苦的次序：先面对问题并感受痛苦，后解决问题并享受更大的快乐。

20 世纪 70 年代，在 Walter Michael 的策划组织下，美国斯坦福大学附属幼儿园基地内进行了著名的“延迟满足”实验。实验人员给每个 4 岁的孩子一颗好吃的软糖，并告诉孩子可以吃糖。但是如果马上吃掉的话，那么只能吃一颗软糖；如果等 20 分钟后再吃的话，就能吃到两颗。然后，实验人员离开，留下孩子和极具诱惑的软糖。实验人员通过单面镜对实验室中的幼儿进行观察发现：有些孩子只等了一会儿就不耐烦了，迫不及待地吃掉了软糖，是“不等者”；有些孩子却很有耐心，还想出各种办法拖延时间，比如闭上眼睛不看糖，或头枕双臂，或自言自语，或唱歌、讲故事……成功地转移了自己的注意力，顺利等待了 20 分钟后再吃软糖，是“延迟者”。

后来，研究人员在参加实验的孩子到了青少年时期，对他们的家长及教师进行了调查，发现：“不等者”在个性方面，更多地显示出孤僻、易固执、易受挫、优柔寡断的倾向；“延迟者”较多地成为适应性强、具有冒险精神、受人欢迎、自信、独立的少年。两者学业能力的测试结果也显示，“延迟者”比“不等者”在数学和语文成绩上平均高出20分。

父母可以从小有意识地给孩子这方面的引导和教育，从孩子小时候吃蛋糕的先后顺序进行约束、规定和要求，从而学会自律，由此推而广之；孩子上学后，是实践“推迟满足感”的最佳时段，孩子12岁时，就可以无须父母催促，首先做完功课，再去看电视。到了15岁后，他们的实践就可以更得心应手，而且以后处理类似问题，也会形成这种习惯，树立“先吃苦，后享受”的意识。

“延迟满足”的必修课

育儿智思：法国教育家卢梭在《爱弥儿》中对孩子的父母这样说过：“你知道用什么办法准能使你的孩子得到痛苦吗？这个办法就是：百依百顺。”在家长的百依百顺中，孩子性格会变得冲动、急躁、任性、缺乏耐心，以自我为中心，无法感受别人的辛苦和付出，会使孩子丧失了对幸福的感受，更不会珍惜得到的一切。而“延迟满足”就是治疗的良方。

博博5岁了，一直被家人呵护在掌心。这天，博博和爸爸路过商城的玩具柜台，博博看上了一个变形金刚，他立刻抱在怀里非要爸爸买给自己。因为家里已经有好几个变形金刚了，这个只是颜色不同而已，爸爸觉得没有买的必要。然而，博博却怎么也不肯走，他大声叫喊着：“我就要！不给我买的话就是坏爸爸！”爸爸拽着博博的胳膊想把他拉走，但博博却使劲朝反方向用力，最后干脆就势倒在了地上，又哭又闹起来。爸爸虽然心中满是恼怒，但架不住博博的折腾，忙把售货员叫过来开票，最终买下了变形金刚。此时，博博一骨碌从地上爬起来，抱着变形金刚欢快地向前跑去，爸爸无奈地叹了口气，一路小跑地跟在博博身后。

及时满足会丧失孩子的幸福感。孩子生来就是一张白纸，他们所具备的各种情绪、情感和能力，都是在后天与人和环境的互动中学习来的。博博的爸爸及其一家人在过度满足孩子的物质需求时，却忽视了孩子重要的一课——延迟满足，以至于孩子没有学会等待、忍耐、抗挫。

现在生活条件提高了，家长总是能满足孩子提出的要求，但是家长对于孩子这种有求必应的行为却剥夺了孩子“自我控制能力”的锻炼机会。

如何在生活中用延迟满足来锻炼孩子的自控能力？我们可以从以下三个方面来尝试。

孩子要吃，爸爸妈妈不要一概接受或拒绝孩子，可以采用“延迟满足”的方法。比如，在保证孩子三餐吃饱的前提下，让孩子完成一个“任务”后，再吃零食。“任务”可以是等待，也可以是学一个小本领，或者是听妈妈讲一个故事，只要是能够转移孩子注意力的“延迟”方式都是可取的。

和孩子做游戏的时候，不要让孩子想玩什么就玩什么，也可以运用“延迟满足”培养孩子的自控能力。又比如孩子想买一个新玩具，爸爸妈妈可以建议等到节日或他生日时再买给他；在和孩子一起玩竞赛游戏的时候，不要每次都让孩子赢，让他先输再赢的方法也能让孩子获得延迟满足。这样，孩子在和别的小朋友玩的时候或正式比赛时，就不会经受不起挫折或因失败而失去信心了。

孩子在学习新知识的时候，常常会碰到不会做或一下子学不会的时候。这个时候，爸爸妈妈可以让孩子延迟满足。孩子碰到不会做的事时，爸爸妈妈不要立即帮助孩子，而是在一旁仔细观察，看看孩子的问题到底出在哪里。等了解孩子的情况后，再慢慢地给予指导，切忌直接把解决方法告诉孩子。其实在观察孩子的过程中，孩子的需要就已经被延迟了。而且，孩子在这段时间内的探索，其实是在自我学习，对提高孩子解决问题的能力有益无害。

第二节　孩子说不，父母别怒

父母请勿言“不准顶嘴”

观点碰撞：小时候，一出了什么错，当我们试图解释时，我们最不喜欢大人很凶地呵斥：大人说话，不要顶嘴！长大之后，做了父母，有了自己的孩子，在情急或着急中，却发现自己也成了严厉的大人。面对顽皮、捣鬼、耍赖的孩子，简直不知道怎么办才好。有时，自己居然还说不过他们，恼羞成怒下，只有大喊“不准顶嘴”。

可是，父母把自己的意志强加在孩子身上，是真的为他们好吗？当孩子开始顶嘴、争辩时，难道就是一个危险的信号吗？就意味着他们开始叛逆、不爱学习、不好教育吗？

事实并非如此。其实通过孩子与父母的争辩，可以让他们获得一种成就感，能帮助孩子变得更加自信和独立。

每个国家都有不同的教育传统，中国人认为，教育小孩就是“棍棒底下出孝子”，而德国人却希望让孩子与大人争辩。德国人以为两代之间的争辩，对于下一代来说，是走向成人之路的重要一步。因此，他们鼓励孩子就某件事与父母争辩，自由发表自己的意见。因为挑战父母，将大大促进孩子的语言能力，在争辩过程中，他们必须运用学到的语汇和表达方式，试图有条理地表达自己的观念。而争辩的结果，也会让孩子找到自信、学会独立思考。有时父母并非总是正确的，这发现将促使孩子得到一种成就感。

这种教育方式，对于希望培养孩子的中国父母来说，是在挑战固有的惯性思维。长期以来，中国的教育鼓励听话的孩子，从老师到家长，都喜欢听话的孩子，惩罚调皮的孩子。然而，经过科学测试，心理学家们却发现：在反抗期中，能够同父母进行真正争辩的孩子，比较自信，也富有创造力。

当然，争辩也需要有技巧，有方法，而在友好、宽容的氛围里，与父母争辩的孩子，将在成长历程中至少得到两种帮助。第一，刺激孩子智力的发展。孩子和父母争辩，需要语言能力的进步和参与意识的觉醒。在争论时，孩子必须独立思考，根据自己对环境的认识和观察，运用学到的语汇和表达方式，有条理地表达自己的观点，这些表达将促进语言能力的发展。同时，也可以学到争论、辩论的逻辑技巧，对孩子思维的发展很有帮助。第二，帮助孩子形成个人意志。同时，争执会让孩子感受到自己的观点受到重视，确立自立和自信心。他们开始学会如何正确地思考，并运用合适的表达，来实现自己的目的。表现出孩子自我意识的觉悟，开始尝试着走自己的路。

因此，明智的父母要善于聆听孩子，找到合适的机会，建立平等、宽容的氛围，和孩子进行讨论。不要把自己的意志简单地强加在孩子身上。同时，在争辩的过程中，父母应循循善诱，以理服人，而不是简单地把孩子的争辩看作是对长辈的不敬。如果孩子是对的，要大方、坦诚地接纳意见。

善待性格倔强的孩子

育儿智思： 性格倔强的孩子常常令父母感到难以管教，一些父母更是信奉“棍棒”教育，“你越倔，就越要挨打。”结果，“石头碰石头，两败俱伤”，还会把亲子关系弄僵。对性格倔强的孩子，不能来硬的，要讲究教育的技巧和艺术。

有的孩子就是犟脾气，性子倔，爱顶牛，这样的孩子一般是强型的，他们的主观意志强，不顺从，他们爱顶嘴，爱反抗，爱自行其是，往往让家长、老师烦恼。其实，犟孩子身上有闪光点，他们的自我意识强，自主性强，有个性，若引导得好，能发展成为良好的个性品质，比如独立自强的品质、坚强的毅力等。

对犟孩子要特别讲究教育方法和策略，不能以压制犟，不能强磨棱角，强迫和对立的做法，只会造成倔强的升级，当然，也不是无原则地息事宁人，一味地退让、顺应，是消极的姑息。对于性格倔强的孩子，应避免使用简单的命令和暴力。最好不要把事情闹到顶牛的地步，矛盾激化对双方都不好，应该化解矛盾，和风细雨。粗暴的责骂，公式化的教条，他们往往耳熟能详，倒背如流，但并没有从内心反省自己，在情感冲动时，一切说理都是无效的。

有用的做法是：当他们心平气和时，用亲切的语言去融化他们心中的冰山，避免使用简单冰冷的命令。抓住关键，抓住重点，对待他们，不要每一件琐事都去限制、发布命令，而一旦提出要求则需抓住关键，抓住重点。同时，要留有时间余地，给他们转变的时间。在屡犯错误之后，让他们将功补过，感到自己还是有“可取之处”，有能力为班级、父母争光，同时积极捕捉“补过”时的闪光点，及时鼓励，大加表扬，激发他们对荣誉的渴望并付之于行动。

平时父母要解读孩子，摸透孩子的个性特点，洞察孩子的心理状况，把握孩子在什么情况下爱顶牛，心里有数了，才会有化解的良策；还要做到预防为主，尽量不让矛盾发生，把矛盾化解在萌芽之中。例如，估计孩子可能顶牛的事，就先和孩子沟通一下，协商一下，双方的距离拉近了，不是就和风细雨了吗？

如果顶牛发生了，怎么办？避开锋头，以冷相对，不应战，不发火，不回应，转而顾他，没有顶牛的对象，就顶不起来了，待孩子也冷静下来，再和风细雨地解决。还应该以顶牛事件为契机，对孩子积极施教，事后引导孩子反思自己不当的行为，知道顶牛不是解决问题的好办法，帮助孩子调节心态，寻求合理解决矛盾的做法。家长也要反思自己，在顶牛事件中有没有不当的地方？若是有，不能文过饰非，要真诚地与孩子沟通，这不仅有利于亲子关系，也是非常有效的“身教”。

第三节　淘气的孩子也有辙

莫轻视了“调皮孩子”

观点碰撞：有些家长认为，管教子女越严，子女今后的成就越大；有些家长则认为，让孩子顺其自然也能成长得很好，这两种观点的争论似乎一直在继续着，然而调皮的孩子却一茬又一茬地长大了。

有个小女孩叫颉晓，美国教授十分赏识她，她年仅 19 岁，却靠奖学金圆了妈妈寄托在她身上的美国读书之梦。当年，是奶奶把她送进小学校门的。上学的第一天，她就让奶奶觉得丢了人。人家的家长都是把孩子领到老师跟前，相互认识一下。可当这位也是做教师的奶奶要把自己的孙女交给老师的时候，孙女不见了。等到听见有人叫奶奶时，她才发现宝贝孙女爬到树上坐着去了。所以颉晓人生经历的第一次师生见面是倒着的，学生高高在上，老师倒是仰着头见他的学生。您家孩子有她淘气吗？

不少有关神童的故事，大多讲述这些孩子是怎么智勇双全，小小的年纪干了些什么惊天动地的大事的。调皮捣蛋的事自然不会在正史中出现，但谁敢断定今天孩子们闹翻了天的事，当年的神童们就没干过？大浪淘沙，今天淘气孩子们的一举一动，没准到了若干年后也会成为人们脍炙人口的谈资。

喜欢拆东西，是许多淘气孩子的共同特点。一个小男孩把一辆好好的玩具汽车拆了，孩子的父亲见状高兴极了。按常理好好的玩具全给拆了，孩子得到的应该是一顿教训，可这孩子得到的是一通的夸奖。父亲抓住孩子可以说是下意识的举动后，及时向他讲了杠杆的原理和使用工具的方法，孩子听得别提多认真了。这位父亲是在教育孩子的过程中发现，当孩子干自己感兴趣的事时，你对他讲什么，他的吸收能力都特别强，因为那时他的心是向你敞开的。你再夸夸他，他的那份得意还可以把创造力继续迁移。女孩子颉晓小时候被邻居认为是不受欢迎的人后，她的父母采取的办法是，表现好，每个星期给买一本新书，后来书越买越多，书成了她生活中不可或缺的东西。

如果有心的家长能把孩子爱拆东西归结到每个正常儿童都具有的求知欲这点上来，那么就可能抓住我们常说的把坏事变成好事的契机。

求知欲和认识兴趣有着紧密的联系，孩子从小就有广泛的兴趣，他们对周围事物表现出好奇心和探索的积极性，经常会提出一些使成人也难以回答的问题。孩子们的求知欲，有时不单纯是出于好奇，而是对事物奥秘的探究。有了浓厚的兴趣和强烈的求知欲，还能激发孩子高度的学习自觉性、主动性，把学习当作巨大的乐趣，乐于在丰富的知识海洋中遨游，深入喜欢学的知识，学习成绩就容易不断提高。

在我们生活中恐怕常常能听到这样的话：我这孩子聪明是聪明，可就用不到正地上去。也有一些孩子在很小的时候就常被大人用聪明二字来形容，可是随着岁月的流逝，这两个字和他就没缘了。这些到底是大人没能看准自己的孩子，还是怪孩子没能满足家长望子成龙的欲望呢？

调皮孩子也是个宝

育儿智思：乖孩子与调皮孩子，哪个更让家长喜欢呢？哪个更让家长省心呢？或许，对待不同的孩子，应该施以不同的教育方式。调皮的孩子虽然有时候让家长也很困扰，但这样的孩子本身是有优点的，如果加以正确的引导，调皮的孩子也可以成才。

有位家长打电话来，投诉孩子的幼儿园老师。原来，孩子的幼儿园老师在给幼儿园的小朋友表演手偶游戏时，其他的孩子都老老实实地坐在小凳子上看，只有他的孩子特调皮，好奇心大发，每次都要跑到老师面前看个究竟，每次都被老师抓回去，都好几次了，每次老师表演的时候，孩子还是想去看。结果，老师不耐烦了，取消了孩子六一表演节目的资格。这位家长对幼儿园老师如此对待自己的孩子有意见了。

孩子都有强烈的好奇心，聪明的孩子更是如此。真正懂教育的教育家都会好好爱护孩子的自尊心，并把他们引导到求知的轨道上来。爱迪生小时候就是个破坏大王，总是把家里和学校里的东西拆得七零八落，爱迪生的妈妈是个很懂孩子心理的妈妈，她在学校老师找来的时候，不但没有责怪孩子，而是鼓励孩子从拆东西中学习知识。如果爱迪生的妈妈当时制止了孩子的淘气，世界上岂不少了一个伟大的发明家？

中国的教育过多强调秩序和听话，强调知识的传输，而忽视孩子的好奇心和探究心。因此，那些调皮的孩子总是成为被批评的对象，被树为不守纪律的坏典型。长此以往，这些孩子的好奇心备受打压，要么选择听话，不再有自己独立的想法，要么选择叛逆，成为真正意义上的坏孩子。

调皮的孩子在哪个班里，肯定会使那个班里鸡飞狗跳，不得安宁，会给老师增添无尽的麻烦。希望老师对这些调皮的孩子多一份宽容与鼓励，对他们网开一面，保护好他们的好奇心，并把这种好奇心引导到对知识的探索上，说不定这些调皮孩子中会出现一两个像爱迪生那样的发明家！

在家庭教育中，孩子听话是好事，太听话就不见得是好事了。有些心理咨询师谈到，一些家长开始满足于孩子“听话、懂事、省心”，到了小学中高年级甚至初中时才发现，孩子缺乏在家、学校、社会独立处理问题的能力，与同龄人相比显得退缩、不自信，以前的优点现在变成了需要克服的缺点。综合来看，“乖孩子”真正成为社会精英、业界尖子的不多，他们大多在一般劳动岗位上工作。

当然，并不是说“不听话”的孩子就一定聪明、能出类拔萃。孩子的“听话”应更多地体现在生活规矩、行为道德上。而孩子天性好动、“鬼主意”多，家长应进行正确的引导。比如，当孩子出“鬼主意”时，家长应与孩子一起挖掘其中更多的乐趣和可用之处，引导他们应用到实际生活中。

一般来说，因小时候受到过于严厉粗暴的“教育”或受父母太多的保护而表现出听话的孩子，进入青春期后，随着独立性要求的剧增，内心所受到的压抑和潜在的危机就会充分地爆发，表现出强烈的反抗欲。然而，由于他们所受教育的偏差，能力的不足，又会使他们遇到挫折，有的会因此郁郁寡欢，遇事犹豫不决，严重的还会出现抑郁症、社交恐惧症等心理障碍；还有的则出现大量的反社会行为，以自己的格格不入来引起别人的注意。许多父母抱怨孩子长大后就越变越“坏”，殊不知，这正是他们教育不当而造成的后果。

有位儿童心理专家这样描述过：“一个‘太听话’的孩子一定是一个‘压抑’的孩子，他认为不听话是危险的，只有听话才能得到父母的爱。”所以，不要再对你的孩子说“孩子，听话！不听话，爸爸妈妈不喜欢你”之类的话了，这只会让孩子的心灵受到扭曲、压抑。放开手吧，孩子不听话，不一定是坏事！

第四节　慢慢来，放下搀扶的大手

有一种爱叫作放手

观点碰撞：在现实生活中，许多父母为了让孩子专心学习，什么事都不让孩子去做。早晨起床帮孩子叠被，上学前帮孩子准备学习用具，有时经常还被孩子埋怨忘了帮他准备某些学习用具。长大之后，也是事事包办，说是爱孩子，却是让孩子永远活在父母的“羽翼”之下，无法自由飞翔。

孩子并不是生来就是这样依赖父母的，他们的依赖性一般来说都和父母的包办代替有关。父母包办、代替得越多，孩子的依赖性就越强。反之，如果父母不插手孩子可以做的事，没有了依赖，孩子就会自己动手开始做了。

在孩子成长过程中，有一天父母会发现，喂饭时，孩子把头躲开，并伸手抢你手中的筷子或勺子。孩子的动作告诉我们什么呢？那就是他要自己吃饭。如果父母不理会孩子的动作，还是一贯地给孩子喂饭，那么久而久之，孩子也没有兴趣自己学着吃饭了。

而智慧型的父母从孩子的动作中觉察到孩子的需要，并为孩子做好了自己吃的准备。如准备好了不怕摔坏的碗，适合孩子使用的筷子和勺子，适合孩子坐的椅子。当孩子再吃饭时，父母就不喂了，而是让孩子自己拿着勺子或筷子吃饭。尽管孩子的动作显得十分笨拙，但每一个动作都是很认真的。当他把第一勺饭放到嘴里时，他会体会到一种从来没有过的快乐体验。

著名教育家陈鹤琴先生曾提出：“凡是孩子自己能做的，应该让他自己去做；凡是孩子自己能够想的，应该让他自己想。”其实，父母们只要肯放开手，就会惊奇地发现孩子的潜力是无穷的，他们能做许多在父母看起来不可能做到的事情。

要想让孩子具有自主性，要想孩子减少不听话行为，父母应该适当放手，让孩子自己去做事情。给孩子空间，让他自己往前走。孩子当然喜欢生活在母亲的怀抱里，但是他不能永远这样生活。

有这样一位母亲，孩子已经上小学二年级了，送他上学还要费力地背着他走，直到离学校几十米远的地方，因为怕老师看见，才不情愿地把孩子放下来……如此被母亲呵护长大的孩子，他的自主性从何谈起呢？做父母的，应根据孩子自身的特点和能力，扩大孩子自由活动的空间，如鼓励他自己找朋友玩，让他在这个空间里自己当主人。父母要给孩子创造条件，让他自己去锻炼。培养孩子用拔苗助长这种违反客观规律的做法，肯定是要失败的，但采取消极的完全“顺其自然”的态度，也不利于孩子的成长。

遵照客观规律，积极创造条件，让孩子去锻炼，这才是我们应该采取的正确做法。让孩子面对困难，让他自己去战胜。

俗话说“穷人的孩子早当家”，生活在穷困家庭的孩子，恶劣的生存环境自然就为他准备了艰苦锻炼的条件；现在生活水平普遍提高了，父母应多想办法给孩子设置一些困难，让孩子去解决；孩子在生活中碰到困难，也要求他自己去解决，从而培养孩子应对未来的能力和意志。当孩子面临冲突，让他自己去解决。和成年人一样，孩子在一起也难免有冲突。解决冲突的过程，正是孩子健康成长、走向成熟的过程。

当孩子向父母诉说自己遇到的诸如人际交往之间的矛盾时，父母应鼓励孩子去面对它，指导孩子自己去解决，而不是回避它，更不宜由父母代替孩子解决问题。但不少父母怕孩子选择错误，从来不给孩子选择的权利。这样的孩子长大后就不可能适应竞争激烈的社会生活。父母应主动给孩子选择的权利，并告诉孩子要对自己的选择负责。

让孩子自己去飞翔

育儿智思：常有专家提醒，教育孩子就是要学会放手，给予孩子自由发展的空间，作为父母，往往都是疼爱孩子的，当孩子遇到一些小麻烦时，行动就会不受大脑的支配，不由自主就会去帮助孩子解决，所以也常会听到父母说对孩子放手，说起来容易，做起来真难啊，父母总是很难做到放手。

孩子拿来维生素糖罐，想自己把它打开，怎奈糖罐的盖子是有儿童保护的，无论孩子怎样拧也拧不开。这时，一位长辈走过来，充满善意地说："孩子，让我来帮你！""孩子，让我看看"，然后拿过罐子，稍稍一用力为孩子取出了一粒；孩子滑板车上的小铃铛不知何故被拆开了，里面很多小零件散落开来。孩子努力学着大人的样子想把所有的小零件归位，修好小铃铛。这高难度的组装对孩子来说当然是无法成功的。一位长辈走过来，略显不屑地说："你别弄那个啊，一会儿你给弄坏了。"孩子在用乐高搭高楼，因为结构的问题大楼总是中途倒下来，一位长辈在一旁看着，一开始并不作声。眼见高楼不断地倒下来，孩子也慢慢急躁起来，在拼插的时候就越是对不准也插不好……长辈终于忍不住出手帮助，"我帮你吧。"然后将零件轻松地插在一起。

我们都希望孩子能够尽早独立，成为一个有责任感、有能力独自面对问题并解决问题的人。然而，要孩子独立，就要给他独立学习、工作的生活体验，要孩子有责任感，就要给他为自己负责的机会，要他掌握解决问题的方法，就要让他真的去锻炼着解决遇到的问题。这就如同我们要开发一个人的领导能力，就必须给他带领团队的机会一样。然而当我们成年人在看到孩子把事情做得不完美，甚至一塌糊涂时，我们在多大程度上真的可以控制自己做到"袖手旁观"呢？

我们做父母的，总是希望孩子顺顺利利，不想让他经历失败。所以当我们预见到他的失败时，就容易越俎代庖，把本该孩子做的事情一时情急都替孩子代办了，这样的事情很常见。可是，再小的事情，只有让孩子自己去实践，即使失败了，也能让孩子积累到经验。

有时候，父母对孩子期望过高，总希望孩子在最短的时间内做完该做的事情，结果孩子笨手笨脚地浪费了很多时间时，我们觉得还不如由我们替孩子操作来得简便又高效。殊不知，孩子需要的就是这种在自己的工作中找到成就和自信的体验。

我们总是担心孩子毁坏我们的东西，即使是一件对我们来说微不足道的并不值钱的东西，所以我们阻止孩子拿任何怕摔的、怕洒的、怕脏的东西。却不知道，当我们放手让孩子操作时，你就会发现孩子是如何用200%的小心来对待这件事以及我们的信任的。

还有，我们总是担心孩子受到身体上的伤害，所以一看到孩子做出那些有危险的动作，我们忍不住担心焦虑，更忍不住上前阻止。孩子总要长大，总是要离开我们的视线，与其一生为他们担忧，倒不如在我们可以和孩子在一起的日子里，让他去尝试登梯爬高，甚至“极限”运动，为他们准备好我们的嘱托和必要的保护。

第五节　洒满心灵的阳光，胜于魔法的力量

天使的童话

育儿智思：孩子有个温暖的家，这是孩子成长最需要的环境。父母可以做的最重要的事情，就是夫妻双方相亲相爱，不要离婚，没有什么比拥有一个温暖的家对孩子更重要了。即使父母双方感情破裂，也要共同努力，不要伤害到孩子，就像有的父母会将生活编译成童话故事来保护孩子的心灵。

琳达是个可爱又听话的孩子，有爱她的爸爸妈妈，每天晚上睡觉之前，妈妈都会给她讲好听的故事。琳达开心快乐地成长着。

突然有一天，妈妈不再给琳达讲故事了，讲故事的人换成了爸爸，因为妈妈从家里离开了。琳达很想知道妈妈去哪了，就问爸爸："爸爸，妈妈去哪了？为什么她不给我讲故事了？"爸爸轻声告诉琳达："好孩子，爸爸妈妈都是天使，是专门从天上下来照顾孩子的，我们要陪孩子一起长大，世界上有很多的天使，他们总是飞到需要帮助的人身边去。现在在我们家，你很懂事，也很能干，爸爸一个人就可以把你照顾得很好，我可以给你讲故事，可以陪你一起玩，也可以给你做好吃的，所以，妈妈就放心地把你交给我一个人了，她一个人飞到更远的地方去了，去照顾更多需要照顾的孩子啊！"

"哦，原来是这样啊！"琳达相信了这个美丽的童话故事，她觉得自己的妈妈很伟大，内心骄傲极了。

对于充满幻想的她来说，妈妈的离开不是什么悲哀的事情，反而是一件美好的事情呢，因为妈妈会给更多的孩子讲好听的故事。

正是这个动人的天使童话，琳达内心充满骄傲和幸福地度过了她那难忘的、丝毫不比别人逊色的、美好的童年。若干年后，琳达长大了，才明白妈妈的离开是因为和爸爸分手了。妈妈变成天使飞走了，是琳达听过关于“离婚”最美的解释。

这是一个美丽的故事，假如琳达的爸爸给孩子说了离婚的真相，假如琳达的爸爸没有编织那个美好而智慧的童话……也就是琳达会失去一个温暖的家，那她还会那么天真无邪，还会那么健康快乐地成长吗？

家，是成长的摇篮，孩子的性格是乐观开朗的还是忧郁沉闷的，很大程度上取决于这个家的大人能为他创造一个什么样的环境。如果你已经拥有一个和谐美满的家庭，那么就请和你的孩子一起享受这份和谐吧！如果你的家庭正面临“不和谐”的因素，孩子的美好的成长环境正遭受破坏，请记住，像琳达爸爸那样，运用自己的爱和智慧，为孩子创造一个健康快乐的成长环境吧！

如果父母之间不能彼此扶持、相互谅解、忍让，更有甚者，在孩子面前大吵大闹，大打出手，闹到离婚，我们可曾想过，在我们发脾气的时候，孩子看在眼里，伤在心里？随着他们年龄的增长，他们所受的创伤会越来越深，慢慢变得冷漠、麻木，甚至厌世，由此而引发了多少悲剧！

一个家庭的幸福，是需要用爱心去经营的，需要父母彼此的珍惜，共同的努力和付出，孝顺父母、教育子女是我们的本分。当我们在经营家庭的时候，不能淡忘了身上的责任，尤其是要为孩子的成长创造最好的环境。

像上文琳达的父母，虽然走上了离婚之路，但是却以一个童话故事的形式保护了孩子幼小的心灵，让孩子继续生活在美好的环境中。这样的父母是多么值得人赞扬啊，因为他们爱孩子，也懂得什么对孩子最重要。孩子的心灵，需要父母精心的呵护，当孩子心灵洒满了阳光，他才会健康地成长。

春风化雨，母爱的魔法神奇

观点碰撞： 在一个家庭中，母亲会影响孩子，就像一个还不会走路的孩子在大人手牵手的带领下慢慢学会走路一样。优秀的母亲从孩子出生那天起就在每一天的生活里，言传身教，潜移默化，一点点地影响孩子，使孩子在成长的过程中逐渐养成良好的品质。

明星立威廉成为了影视名人，这里面有不少是他妈妈的功劳。立威廉从小是个很少说话的孩子，甚至连自己迷路了都不会去问别人，宁愿自己一遍遍地找。他的妈妈为此很着急，为了锻炼他，就经常把他带到人多的地方，让他主动和人说话交谈，但是立威廉一般向长辈问过好之后就在那微笑着，再也不说话了。他的妈妈为了让他多和人交往，就让哥哥带他去当模特。当了模特的立威廉，果然克服了自己的障碍，他还夺得了2001年世界模特大赛的第一名。

后来，立威廉不当模特了，转型当演员，很快开始接拍电视剧。在拍戏的过程中，他因为不太会中文，遇到了很多的困难，那是他人生中很难熬的一段时间，他挺过来了，因为妈妈的关爱而坚持下来了。

成名之后的立威廉，依然很节俭，这是从小生活经历给他宝贵的精神财富，也是妈妈良好教育的结果。他很珍惜当艺人的一切，也懂得艺人对公众的影响，很懂得自我克制和责任感。他没有绯闻、没有丑闻，维护着自己的形象，真的很像一个身家清白的王子。而更像王子的是他的绅士风度。他的妈妈从小告诉他："对人要有礼貌、要客气，无论是服务员还是大老板，要一样彬彬有礼；你是男孩子，要多为孩子服务。"大概是妈妈从小的教育，他做起这些来简直就是轻车熟路，在他看来，这也是习以为常的小举动。他坦言，今天他的成功，和他的妈妈是分不开的，没有妈妈的教育，也没有"绅士王子"立威廉。

一个人从小到大，只要他的母亲伴随着他们的成长历程，母亲的一切，包括母亲的形象，母亲的做人原则，母亲的思想……都会在不知不觉中始终影响他们的孩子，那些孩子就是生活中的你我他。“修养”这个名词在每个人身上的体现，那就是一个人的品质，一个人的品质优秀似乎又能成就他的事业。其实孩子长大后大多数的修养还是从母亲那里点点滴滴“浇灌”的。

母亲尊老爱幼，孩子自然就会上行下效；母亲节俭有度，孩子自然就会拒绝奢华；母亲彬彬有礼，孩子自然就会谦虚不傲……著名指挥家汤沐海的母亲蓝为洁女士就特别重视孩子的修养，汤沐海成为世界级的指挥家，绝不单单是他的艺术造诣所决定的，西方人很欣赏汤沐海的高雅修养和高尚品质，他们认为这些肯定来源于蓝为洁女士对孩子的影响。

著名作家金庸就曾经说过，他对小说的人物内心深处的探索很多受母亲的文化影响。金庸的母亲徐禄是徐志摩的姑妈，在那个时候就读过高中，并能写一手漂亮的水笔字。每一个人的母亲都在以她们各自的形象影响着自己的孩子，虽然在这里举出的都是名人的母亲，这不等于我们没有注重平凡的母亲，只是这里所举出的母亲形象大家都知道和熟悉，所以她们就具有一定的代表性。母亲的形象自始至终都会影响每一个人的人生，这是一个不能否认的真理！

后 记

一个孩子看到蛹在茧里痛苦地挣扎，于心不忍，于是用剪刀把茧剪开。他一心想帮助蛹早点挣脱束缚，获得新生。但是事与愿违。过早脱离了茧的蛹，再也没机会变成美丽的蝴蝶，飞于天地之间了。孩子的一片好心却为蛹酿造了苦果。

为什么好心办了坏事？只因这孩子不知道，生命，是一个自然的过程。它不能剪接，不能遗漏，不能急于求成，不能一步登天。生命中最脆弱的阶段，我们也必须经历；生命中最痛苦的过程，我们也必须承受。顺应自然，才是生命的真谛。

不仅孩子会犯这种错误，做父母的，有时也会跟这孩子一样无知。当他们的孩子还只是一条青虫时，他们总是迫不及待地为它装上翅膀，想让它跟蝴蝶一起飞翔。我们常看到稚气未脱的孩子，被训练得彬彬有礼、能歌善舞、多才多艺。殊不知，这种早熟，是要付出代价的。这些少年老成的孩子们，全然没有了他们这年龄应有的天真、灵性。他们的言行举止，透着跟他们年龄的不协调，让人悲哀。

让生命自然成长，是对生命的尊重。人，首先应该成为独立的个体，自由成长，是每个人与生俱来的权利。不要嘲笑孩子的幼稚，不要担心孩子的叛逆，不要同情孩子的苦难，不要分担孩子的责任，这一切，不过是成长必须付出的代价。有了这一切，人生才有意义，人生才会多彩。

让生命自然成长，孩子才能健康发展。生命就像一株庄稼，发芽，出苗，拔节，孕穗，抽穗，灌浆，最后成熟。生命的链条，任何一个环节都是不可或缺的。要是心浮气躁，急于求成，我们收获的只可能是秕谷。过早地为孩子装上翅膀，无异于拔苗助长。生命因自然而完满。自然成长的孩子，才能品尝生命的滋味，他的人生才是幸福的。人生，是七彩板，是五味瓶，缺少任何一种颜色，缺少任何一种滋味，都将是人生难以弥补的缺憾。诗人罗门曾用小提琴的四根弦来比喻人生童年、青年、中年、老年四个不同的阶段，缺少了童年的孩子们，如断弦的琴，他们的人生怎能演奏出和谐的乐章?

孩子像月儿，到了中秋，自会皎洁明亮；孩子像雏鹰，等羽翼丰满，自会展翅翱翔；孩子像青虫，等破茧而出，自会翩翩成蝶；孩子像花朵，到春回大地，自会吐露芬芳。生命，就是一个自然的过程。为了让孩子更健康地成长，给他们一片自己的天空吧。

参考文献

1. 郑石岩 . 父母之爱［M］. 北京：经济日报出版社，2000.

2. 吴垒 . 走出家庭教育的误区［M］. 成都：四川科学技术出版社，2001.

3. 宇飞 . 千万别管孩子［M］. 北京：中国经济出版社，2001.

4.（美）盖瑞·普曼罗斯·伯 .“酷”爸“酷”妈的五项修炼［M］. 吴瑞诚，译 . 北京：新华出版社，2005.

5.（日）汐见稔幸，（日）野原新之助 . 放轻松，就让孩子自然成长吧［M］. 刘姗，译 . 海口：南海出版社，2008.

6.（美）莫格尔 . 放下孩子：犹太人的家教制胜之道［M］. 蒋旭峰，叶楠，刘佳，译 . 南宁：广西科学技术出版社，2010.

7.（美）斯科纳兹著 . 放养孩子［M］. 严冬冬，译 . 北京：中信出版社，2010.

8. 黄志坚，李建勇 . 放养你的孩子——自由教育的 72 个法则［M］. 北京：中国妇女出版社，2011.

9. 李子勋 . 家庭成就孩子［M］. 北京：中信出版社，2011.

10. 黑幼龙 . 慢养：给孩子一个好性格［M］. 北京：中信出版社，2011.